JE SUIS L'ARBITRE MASQUÉ

Dans la même collection :

The Secret Footballer. Dans la peau d'un joueur de Premier League (Hugo Sport, 2013 ; Hugo Poche, 2018)
The Secret Footballer 2 (Hugo Sport, 2014)
Je suis le footballeur masqué (Hugo Sport, 2015 ; Hugo Poche, 2017)
Je suis le rugbyman masqué (Hugo Sport, 2015)
Secret Wag (Hugo Sport, 2015)
Je suis le cycliste masqué (Hugo Sport, 2016 ; Hugo Poche, 2017)

34-36, rue La Pérouse 75116 Paris

Collection Hugo Sport dirigée par Bertrand Pirel
Couverture : Christophe Petit
Photo de couverture : © Shutterstock/De pixfly

ISBN : 9782755638042
Dépôt légal : mai 2018
Imprimé en Espagne par CPI Blackprint

JE SUIS L'ARBITRE MASQUÉ

Avec la collaboration de François Salaün

Hugo Sport

SOMMAIRE

CHAPITRE 1
NANTES 0 – ARBITRE 1

L'orage menace dans le ciel nantais en ce début du mois de mai. Bien loin de son ancienne splendeur, le FCN ferraille une fois de plus dans les bas-fonds de l'élite. Le club a déjà connu deux descentes dans la période récente. Un nouveau séjour au purgatoire de la Ligue 2 serait de trop pour le peuple jaune et vert. Ce spectre redouté augure d'un climat plutôt âpre.

Ce soir, c'est un rival pour le maintien qui se rend à La Beaujoire et la tension est palpable quand je pénètre dans l'enceinte flanqué de mes assistants. Ces matchs couperets qui sentent la trouille et la frustration sont parmi les plus difficiles à négocier. Joueurs, dirigeants et supporters sont sur les nerfs et une étincelle peut suffire à mettre le feu aux poudres. Les conséquences d'une relégation peuvent être dramatiques pour l'économie d'un club et ce stress omniprésent n'est pas fait pour nous simplifier la tâche.

Ce qui ne la simplifie pas non plus, c'est la présence de ce personnage haut en couleurs venu de l'Est qui préside aux destinées nantaises depuis une dizaine d'années. Le vitupérant et paranoïaque Waldemar Kita appartient à cette catégorie de dirigeants qui sont la hantise du corps arbitral. Toujours prompt à se plaindre et à ergoter dès qu'on ne siffle pas à sa convenance, il est sans doute le meilleur disciple de Jean-Michel Aulas. L'homme d'affaires franco-polonais a parfaitement retenu la leçon de son maître lyonnais quant à la façon de peser sur le sort d'un match par sa gouaille, les pressions qu'il exerce, son poids dans les instances et son aura médiatique. Il semble en revanche avoir été moins assidu aux cours de gestion sportive, comme en atteste la délicate posture de ses protégés... Mais il se rattrape en donnant le maximum dans le harcèlement arbitral. Opticien de formation, il s'est fait une spécialité de nous accuser de ne pas y voir clair.

Le festival commence avant même le début du match. À notre arrivée au stade, on le croise dans un couloir et il vient, comme c'est l'usage, nous saluer. Malgré son bronzage permanent d'animateur télé qui lui donne de faux airs de Silvio Berlusconi, on ne peut pas dire que ce soit un rayon de soleil dans la grisaille ambiante. Il s'efforce d'être courtois mais ne peut s'empêcher d'ajouter sa petite touche personnelle au protocole : « Bonjour messieurs, j'espère que vous serez mieux inspirés que la dernière fois ! » persifle-t-il avec son accent des steppes en guise de bienvenue. J'ai beau me creuser la tête, je ne vois pas à quel match il fait allusion. Autant que je me souvienne, aucune décision litigieuse n'a émaillé les derniers matchs de Nantes sur lesquels j'ai officié. Il me semble même qu'ils ont gagné les deux plus récents. Vu la fréquence de leurs victoires, il devrait s'en rappeler… Je serais plutôt un genre de porte-bonheur pour eux, ou de talisman. Voilà qui en dit long sur l'amnésie et la mauvaise foi qui alimentent son sentiment de persécution.

Mais laissons là ce cas clinique qui, de toute façon, ne tardera pas à se manifester de lui-même dans un futur toujours trop proche. Le dirigeant pénible, comme le public hostile ou le journaliste vipérin, est un élément du décor dont il est fondamental de faire abstraction. À l'instar des joueurs, nous devons évacuer de notre esprit toutes les pensées parasites qui l'encombrent pour nous concentrer sur le terrain. Terrain qu'il est d'ailleurs grand temps d'aller reconnaître. L'occasion de rencontrer les délégués de la LFP et les consultants télé. Si l'on se méfie des gens de presse en général, c'est moins le cas de ces derniers. À force de se croiser semaine après semaine, il se crée comme une vague complicité. Ce qui explique sans doute qu'ils soient plus indulgents envers nos boulettes que leurs homologues calfeutrés dans leurs studios ou leurs bureaux. La méfiance augmente avec la distance.

C'est également l'occasion de notre premier contact de la soirée avec les joueurs, qui viennent eux aussi fouler le gazon et prendre leurs repères. Un contact plutôt détendu. Bien sûr, on va sans doute être amené à se chiffonner un peu dans les heures qui viennent. Ils ne manqueront pas de venir pleurnicher dans mon giron et il est probable que je dégaine quelques biscottes. Voire que j'intime l'ordre à l'un d'entre eux d'aller voir ailleurs si l'herbe est plus verte. Mais il existe entre nous une fraternité tacite liée au fait d'appartenir à la même famille. Celle des acteurs de cet extraordinaire spectacle qu'est le football professionnel, par opposition à la meute des commentateurs envers lesquels nous partageons la même défiance. Les joueurs aussi sont à la merci d'un « expert » qui les traitera de peintres au premier contrôle raté. Nous sommes les cibles des mêmes tireurs d'élite. Ça crée des liens.

Nous avons également en commun ces moments passés dans les vestiaires, où tant de choses se jouent loin des regards. À Nantes, le nôtre est plutôt spartiate. Le banc sur lequel on se change, les douches et les toilettes sont situés sur la gauche en entrant, et la salle du kiné au fond à droite. Le reste de l'espace est occupé par un petit bureau où trônent une corbeille de fruits et des bouteilles d'eau. Pas n'importe quelles bouteilles, d'ailleurs. L'eau de source de Treignac, dans laquelle Waldemar Kita a investi et qui est devenue un sponsor du club. Les murs sont blancs, sans la moindre petite décoration pour les égayer. Ailleurs, dans d'autres vestiaires, d'autres stades, notre antre est orné de photos d'arbitres, anciens ou en activité. Ici, on préfère l'épure. De là à y voir un manque de considération, il y a un pas que je ne me hasarderais pas à franchir. Ne cédons pas à la susceptibilité exacerbée du maître des lieux.

Nous n'avons de toute façon pas besoin d'un poster de Joël Quiniou pour savoir pourquoi nous sommes là. L'heure est à la concentration et non à la visite de musée. Comme les équipes révisent leurs schémas tactiques avec leurs coachs, on répète les consignes par le biais d'exercices de *team building*. On l'a déjà fait à l'hôtel pendant la collation mais cette ultime répétition permet de rassurer tout le monde et de fédérer les énergies. On insiste sur les spécificités de tel ou tel joueur sur lequel il conviendra d'être particulièrement vigilant. En l'occurrence, il faudra ouvrir l'œil sur Oswaldo Vizcarrondo côté jaune. Le fougueux défenseur central vénézuélien a tendance à se distinguer par des interventions pas toujours maîtrisées et à sortir facilement de ses gonds. Un bon mec par ailleurs, mais qui peut se montrer véhément et susciter de l'agacement chez ses collègues. À surveiller, donc.

Une fois que chacun sait parfaitement ce qu'il a à faire, un dernier passage entre les mains expertes du kiné s'impose. Il s'agit de préparer les muscles à l'effort et d'apaiser la pression qui monte à quelques minutes de l'heure H. On n'arbitre pas seulement avec les yeux et il faut que la machine soit bien entretenue pour galoper une heure et demie après ces garnements et ne pas perdre une miette de leurs facéties en tout genre. Cuisses, mollets et ischio-jambiers réclament des soins attentifs pour que le corps suive la tête. Comme ma cheville a tourné lors de ma dernière sortie, je demande un strap pour la renforcer. Ainsi tranquillisés à tous les niveaux, nous pouvons entrer en scène.

Dans le couloir qui mène à la pelouse, la plupart des visages des joueurs sont fermés. Malheur au vaincu ! Le match de la peur typique, où les joueurs craignent autant pour leur sort personnel que pour le devenir de l'institution. Dans les clubs concernés par la lutte pour le maintien, il n'est pas rare que les contrats stipulent une baisse de salaire conséquente en cas de relégation. Sans parler de la ligne peu valorisante qui vient s'ajouter à leur palmarès et fragilise leur cote sur le marché. Autant dire que la décontraction n'est pas de mise.

Je salue tout de même quelques figures familières et échange brièvement avec le sympathique milieu de terrain belge Guillaume Gillet, que j'avais connu lorsqu'il évoluait à Bastia et qui a récemment rejoint les bords de l'Erdre.
« Vous êtes venu chercher un peu de tranquillité, un peu moins de pression ? lui dis-je en faisant allusion aux chaudes ambiances de Furiani.
– Un peu moins de soleil aussi... » sourit-il.

Ces conversations anodines sont importantes pour rendre les rapports plus humains et désamorcer les inévitables crispations à venir. Car de la pression, il y en a aussi à Nantes. Surtout dans ce genre de rencontre sur une corde raide où le vertige est perceptible. Et le public local, s'il est moins virulent que son homologue corse, sait aussi se montrer exigeant et manifester son mécontentement. Ce qu'il ne manquera pas de faire si le résultat lui est défavorable et que la Ligue 2 se rappelle à son bon souvenir.

Mais pour l'heure, il est tout acquis à la cause de ses favoris et l'hymne de la Beaujoire retentit dans les travées tandis que nous investissons l'aire de jeu au pas de course. « *Allez, allez ! Allez Nantais jouez ! Tous avec vous les jaunes et verts...* » Tous avec vous, jusqu'à un certain point, comme tous les supporters du monde.

Moi, personne ne m'encourage, mais ça ne m'empêche pas de ressentir la même montée d'adrénaline que les joueurs en donnant le coup d'envoi. Un stress positif et quasi euphorisant accompagné d'une volonté ferme de faire le boulot avec mon équipe personnelle. Celle que personne ne supporte et que l'on ne manquera pas d'injurier à la moindre défaillance. Appelons ça du masochisme ou de la témérité. Les deux points de vue se défendent.

Les encouragements ne sont cependant pas une garantie de performance. C'est ce qui saute aux yeux à la vue de ces pauvres Canaris fébriles et empruntés qui se débattent tant bien que mal avec leurs faibles moyens techniques. « *Allez, allez ! Allez Nantais jouez...* » Ça sonne bien mais ce n'est clairement pas leur point fort. Oubliez le proverbial jeu à la nantaise et les séduisantes armadas d'Arribas et Suaudeau... Sous la houlette de l'ombrageux Der Zakarian, c'est une escouade besogneuse qui fait bloc la peur au ventre sans trop se soucier d'esthétisme. L'essentiel est de survivre.

D'ailleurs, ça semble plutôt bien parti. Comme ce ne sont pas des poètes en face non plus, les fautes se multiplient et voici un coup franc excentré idéalement placé pour les locaux. Il est bien tiré et, dans la foire d'empoigne de la surface, une tête s'élève pour propulser le ballon au fond des filets. Une clameur ébranle l'atmosphère et les jaunes jubilent. Mais un détail vient casser l'ambiance : le drapeau fièrement dressé de mon assistant à hauteur des six mètres. Dans l'oreillette, il m'affirme que le buteur était en position de hors-jeu au départ du ballon. Ballon qui est donc rendu au gardien sous les protestations indignées des Nantais, de leur staff et de leurs supporters.

Subitement, trente mille personnes ne rêvent plus que de me pendre et le font bruyamment savoir. Quelques dizaines de milliers d'autres partagent le même désir brûlant devant leur écran. Sur le terrain, les joueurs déçus relaient la ferveur populaire en termes légèrement plus courtois, eu égard aux armes jaune et rouge dont je pourrais faire usage s'ils se montraient trop sincères. Sur son banc, Der Zakarian est au bord de l'apoplexie et braille tant qu'il peut. Dieu merci, l'appareillage acoustique dont on dispose désormais nous préserve de tout ce barouf. Je recadre les joueurs et les rappelle à leur devoir de respecter ma décision sans discuter. Seulement, j'ignore totalement si cette décision est fondée. Dans ce type de situation, je n'ai d'autre choix que de m'en remettre au jugement de mon assistant qui, bien que très compétent, n'en est pas moins un être humain avec l'acuité visuelle que cela implique. Il faudrait un œil bionique pour estimer de façon certaine une phase de jeu impliquant quinze joueurs dans un périmètre de sept mètres carrés. Et voici le premier scoop de cet ouvrage : aucun de nous n'a d'œil bionique, ni d'ailleurs le moindre super-pouvoir.

Pour autant, il ne faut s'attendre à aucune compréhension de la part des observateurs. Et pour ne rien arranger, peut-être perturbés par l'incident et le tohu-bohu qu'il a suscité, les Nantais encaissent un but dans la foulée. Sur la touche et dans les tribunes, la colère redouble et je suis clairement dans le collimateur de cette foule vindicative et haineuse. L'homme à abattre au plus vite. Descendu sur Terre uniquement dans le but de leur nuire et de les envoyer en Ligue 2.

La mi-temps sifflée, ma seule préoccupation est de savoir si ce foutu but était oui ou non hors-jeu. Et je sais que le suspense ne sera pas long.

Je n'ai même pas le temps de quitter le terrain que le staff nantais me bondit sur le râble avec Der Zakarian en chef de meute. Ils s'égosillent en chœur : « Y avait pas hors-jeu, monsieur l'arbitre ! Vous nous foutez dedans ! C'est honteux ! » Des refrains que je connais par cœur et envers lesquels je fais la sourde oreille. Avant de répondre à leurs aboiements, il faut que je me renseigne auprès de sources plus objectives.

À la porte du vestiaire, un homme bouillonne. Il fallait s'y attendre... Sa Majesté Waldemar Kita s'estime lésé et les murs tremblent. Il vocifère, entouré de sa garde rapprochée. Quand il m'aperçoit, le volume augmente. Il brandit son téléphone et s'époumone : « Vous reverrez les images, c'est un scandale ! Et vous voulez être professionnels ?! » Son brushing tient bon dans la tempête et je m'efforce d'en faire autant. Il a beau tonitruer dans son couloir, l'heure n'est pas encore aux explications et aux excuses éventuelles. D'abord, en avoir le cœur net.

On laisse donc l'excité de service nous maudire pour gagner notre sanctuaire. Là, je me saisis de mon propre portable en quête d'opinions fiables. Quelques textos plus tard, la messe est dite : on s'est bel et bien planté. Et d'un bon mètre, qui plus est. Le silence se fait dans le vestiaire à peine troublé par les rugissements polonais parvenant de l'extérieur. Le courroux présidentiel ne se calme guère et il va être difficile de le contredire. La soirée s'engage mal.

Pourtant, il reste encore quarante-cinq minutes à assurer et il n'est pas question de se laisser aller à la déprime. Le juge de touche concerné est fatalement le plus abattu de nous tous. Il sait que sa responsabilité directe est engagée. En tant que capitaine du navire, il m'appartient de le remettre dans son match : « T'es là parce que t'es bon. On fait tous des erreurs, ne t'arrête pas à ça. » Des lieux communs, certes, mais auxquels il faut bien recourir dans ces circonstances. On forme une équipe et on doit se serrer les coudes, s'apporter aux uns et aux autres la chaleur humaine qui permet de traverser les mauvaises passes. Faire corps dans l'adversité. Malgré le public furibond, les joueurs frustrés et Kita qui beugle.

La tête remise à peu près à l'endroit, il faut retourner dans l'arène, où notre cote de popularité est au zénith. Joie de l'époque, l'information circule à la vitesse de la lumière et le stade entier est désormais certain que nous sommes une bande de truands déterminés à les conduire au fond du gouffre.

Quant aux joueurs floués, ils nous font poliment remarquer notre erreur en espérant en tirer profit au nom de la sacro-sainte compensation. Entre nous, c'est de bonne guerre, mais ils peuvent toujours courir. Pas question d'aggraver notre cas pour parvenir à un équilibre de toute façon illusoire. Ce qu'ils oublient, c'est que nous sommes évalués et que nous n'allons sûrement pas nous amuser à accumuler les bourdes pour leurs beaux yeux, au risque de décrocher une note minable. Qu'ils commencent déjà par jouer correctement plutôt que de compter sur notre miséricorde.

En un sens, ça m'arrangerait bien qu'ils renouent avec le brio de leurs aînés et renversent la situation. S'ils finissent par s'imposer malgré tout, notre erreur tombera instantanément aux oubliettes plutôt que d'alimenter la polémique durant toute la semaine.

Malheureusement, en s'appuyant sur leurs seules qualités, l'affaire s'annonce délicate. Leur vague sursaut d'orgueil ne débouche que sur quelques occasions piteusement gâchées et le match s'achève sur ce score sans appel : Nantes 0 – Arbitre 1. Ce sera en tout cas le ressenti des perdants du jour. Je n'ai aucune illusion là-dessus en quittant la pelouse sous les huées d'un public à bout de patience. Huées qui, cela dit, s'adressent davantage à leurs favoris qu'à ma modeste personne. La vieille tradition locale de beau jeu a façonné des spectateurs esthètes aussi intransigeants envers la manière qu'envers le résultat. Si bien que le but refusé passe au second plan dans leurs remontrances, loin derrière la triste prestation de leurs ouailles. J'aimerais que ce sentiment soit partagé par ces derniers mais il ne faut pas rêver. Peu portés sur l'autocritique, ils ne vont pas se priver de charger l'admirable bouc émissaire que je fais. Quand je leur sers la main après le coup de sifflet final, plusieurs accompagnent le geste d'un « merci » ironique. Et ce n'est qu'un doux préambule avant les foudres qui nous attendent. On monte en intensité avec le maître tacticien Der Zakarian qui vient nous postillonner des gentillesses dans les naseaux aux abords de la ligne de touche. On laisse à ses adjoints le soin de le calmer avant de déserter les projecteurs la tête basse.

Dans le vestiaire, l'ambiance est lourde. Pour nous, c'est un soir de défaite. Une défaite singulière, à part, sans adversaire identifiable. Nous ne sommes pas battus par plus fort que nous mais par nous-mêmes. Terrassés par une défaillance passagère qui coûte très cher.

Ce silence de cathédrale est brusquement interrompu par des vocalises peu harmonieuses. Inutile, je crois, de vous citer l'artiste... Tout en brames indignés et en menaces voilées, Kita poursuit de ses hennissements l'observateur qui vient nous faire un rapport que l'on devine salé. Quand il parvient à échapper au cyclone, notre juge referme la porte derrière lui et reprend son souffle tandis que l'on attend que tombe le couperet. Admirablement conditionné par les récriminations du président, il se contente de s'en faire l'écho tout en nous passant un peu de pommade pour nuancer la charge. Vaines tentatives qui ne changent rien au fond du verdict : « Vous avez été mauvais et ça a déterminé le score ». Si c'est juste pour répéter servilement ce que lui a dit Tonton Waldemar, ça ne sert à rien qu'il vienne nous les briser, cet emmanché. On l'entend dans tout le stade la Castafiore, pas besoin qu'elle nous envoie son perroquet.

Mais bon, il n'y a rien d'autre à faire que de serrer les dents et de subir le sermon sans broncher. Les observateurs ont beau être d'anciens arbitres, beaucoup semblent avoir la mémoire courte et ne pas se souvenir que, lorsque l'on se troue, on est les premiers au courant, et que l'on n'a pas vraiment besoin qu'on vienne nous le seriner après-coup. Surtout quand on ressent encore la tension du match et que l'on anticipe la déferlante médiatique. D'autant que le vétéran en question dispose parfois d'un palmarès bien moindre que le nôtre et qu'il est particulièrement désagréable de se faire remonter les bretelles par un arbitre de troisième zone qui vient de regarder les images les fesses au chaud dans le car-régie. Pour ma part, je parviens à me dominer dans ce genre de situations, mais certains collègues sont plus sanguins. Gilles Veissière est notamment connu dans le milieu pour avoir viré l'un de ces importuns de son vestiaire *manu militari*. Quant à Bruno Derrien, il avait subtilisé le téléphone de son tourmenteur, Jean-Louis Rideau, pour constater que celui-ci avait été conseillé par un autre observateur, Jean-Marie Lartigot, afin de mieux le flinguer. Derrien avait donc rappelé Lartigot pour lui dire tout le bien qu'il pensait de ses façons de faire. Une conversation apparemment musclée. Rude défi que de garder son calme quand on sort d'un match difficile et qu'un tocard professionnel vient en remettre une couche. Imaginez Belmondo sortant de scène après avoir buté sur une réplique et trouvant dans sa loge Francis Perrin pour lui faire remarquer et lui apprendre son métier. Comment voulez-vous que ça se termine ? Heureusement que le flegme fait partie de la panoplie de l'arbitre.

Du flegme, il en faudra encore lors de la réception d'après-match où nous conduit le bénévole du club chargé de l'accueil des arbitres. Raout en l'occurrence assez peu convivial, mais que nous n'avons pas d'autre choix que de subir. Ça fait partie de nos obligations. Le moulin à paroles Waldemar n'en finit pas de prendre à témoin l'assistance de notre nullité considérable. Il s'adresse à moi en rappelant avec force sous-entendus son rôle au conseil d'administration de la Ligue et son influence sur le développement de l'arbitrage français. Manière de nous faire comprendre que l'on va payer d'une façon ou d'une autre l'affront que l'on vient de lui infliger. Car il ne faut avoir aucun doute là-dessus, nous sommes les grands artisans de la débâcle de son équipe. Nous et nous seuls. Que ses vedettes n'alignent pas trois passes et que son avant-centre d'élite ait planté deux buts en trente matchs n'a rien à voir là-dedans. Le responsable, c'est l'homme en noir, l'oiseau de malheur. Le corbeau de mauvais augure qui croasse des hors-jeu inexistants. Entrepreneur éclectique, Kita s'est lancé dans le juteux business de l'agrandissement de pénis. Mais nous, ce sont plutôt les glandes surrénales qu'il nous gonfle. À se demander, en le voyant se rengorger tel un paon pour nous humilier, si ce projet en apparence altruiste n'est pas lié à un besoin personnel.

On le laisse déblatérer à sa guise, discuter ne sert à rien avec ce genre de spécimen. Quand il nous a suffisamment roulés dans la fange et qu'il a l'air à peu près satisfait, on prend congé et on met le cap sur l'hôtel, le moral dans les chaussettes.

Il y a deux écoles, dans ce genre de situations. Ceux qui préfèrent rester au calme et broyer du noir dans la solitude de leur chambre et ceux qui choisissent de se changer les idées en prenant un peu de bon temps. J'appartiens à la deuxième catégorie et une ville comme Nantes s'y prête parfaitement. C'est une ville de foot, mais la dinguerie autour du ballon n'atteint pas les sommets que l'on connaît à Marseille ou à Bastia. Là-bas, je ne m'aventurerais clairement pas dans les bars de la ville après les avoir agacés. Ce serait prendre un risque très réel de coup de sifflet final pour ma pomme. À quelques exceptions près comme Tony Chapron qui a un look et une trombine très facilement identifiables, nos visages ne sont pas forcément connus du grand public et on nous reconnaît assez rarement. Mais il y a quand même des connaisseurs, et mieux vaut rester sur ses gardes.

Même à Nantes, la prudence recommande d'éviter les endroits trop populaires où abonde le fan belliqueux. Mieux vaut opter pour des lieux plus huppés. Le bourgeois s'intéresse moins au foot et, si jamais c'est le cas, il en arrive rarement à vouloir en découdre pour un match perdu. Moins de frustration à exorciser, de toute évidence...

Direction le Loft, donc. Établissement de nuit recommandé par un collègue adepte lui aussi des virées d'après-match. J'embarque avec moi mon assistant fautif. Il en a gros sur la patate et une sérieuse envie de décompresser. Ça tombe bien, il y a tout ce qu'il faut pour ça. Et notamment de jolies Nantaises fort délurées qui nous semblent avoir besoin d'un soupçon d'autorité. Qui mieux que nous pour leur prodiguer ? Vu qu'on nous a accusés toute la soirée d'être spécialement venus pour baiser Nantes, autant passer de la théorie à la pratique.

Mais avant de se préoccuper des beautés locales, on va chasser les idées noires qui subsistent à l'aide de quelques gorgeons. En hommage au président Kita, on part sur de la vodka et on s'envoie la première tournée à sa santé. La deuxième sera pour Der Zakarian et la troisième pour l'observateur. On trinque à tous les emmerdeurs de cette soirée maudite. Autant dire qu'on est très vite à la limite du hors-jeu.

Évidemment, ça nous échauffe un peu les sens et on se souvient que notre vocation est aussi de mettre des cartons. Or, ça grouille de tenues très peu réglementaires autour de nous. Les maillots dépassent du short et les crampons sont beaucoup trop longs. Il va falloir sévir. Les boucles d'oreille, c'est interdit aussi mademoiselle… On frise la correctionnelle. Mon assistant ne sait plus où donner de la tête face à tant de manquements flagrants au règlement. Il tente de mettre de l'ordre dans ce foutoir et interpelle une à une toutes les contrevenantes. Bien décidé cette fois à lever son drapeau à bon escient et à marquer lui-même.

Ce qui est frustrant, c'est qu'on ne peut pas appâter ces donzelles avec notre statut pourtant enviable d'arbitres de haut niveau. Même cuits comme on l'est, on reste conscients qu'il ne faut surtout pas se faire remarquer. À l'ère des réseaux sociaux, on ne peut pas se permettre de faire les zouaves. Si les photos de deux arbitres ivres morts dragouillant des étudiantes après s'être vautrés sur un match important circulaient sur Twitter, ça ferait du vilain. Je vois d'ici Le Graët, notre estimé président de la fédé, découvrant l'image dégradante de ses protégés titubant allègrement dans le stupre pour fêter leur échec… La moue écœurée et le sourcil dru soudain levé derrière ses lorgnons. Il n'est déjà pas toujours tendre avec nous, le taulier du foot français, mais là, on le découragerait pour de bon. Déjà qu'on ne siffle pas forcément comme le souhaiteraient ses copains Aulas, Nasser et consorts et que ça lui fait de la peine… Le rapport de l'observateur serait du petit lait en comparaison de ce qui nous attendrait.

Seulement, l'anonymat ne nous réussit pas des masses et c'est nous qui prenons un rouge après une intervention trop virile de mon assistant sur une joueuse adverse. Il était écrit que ce ne serait pas notre soir et il est grand temps d'aller se coucher.

Dans le taxi qui nous ramène à l'hôtel, j'ai la curiosité malsaine de demander au chauffeur s'il a suivi le match. Dans le mille ! C'est le cas et, le moins qu'on puisse dire, c'est qu'il n'est pas content. « On s'est encore fait voler », déplore-t-il. « Tous des pourris ! » gueule mon assistant du fond de son coma. J'acquiesce et gratifie ce brave homme d'un généreux pourboire pour le consoler. Histoire de laisser au moins un bon souvenir en ville.

Le lendemain, je regagne mes pénates un peu honteux. Entre le match et la virée nocturne, j'ai d'excellentes raisons de me la jouer profil bas. J'attribue prudemment ma mine de déterré à une nuit sans sommeil consécutive à notre erreur et aux tourments qu'elle a suscités chez les êtres vertueux que nous sommes. Le fiston et sa maman s'empressent de m'entourer de leur affection et de leur soutien et mon cœur se serre un peu. Une larme coule sur ma joue et je remercie intérieurement les Nantaises de s'être montrées si farouches. Elles m'ont épargné un moment encore plus embarrassant.

Allez savoir, c'est peut-être ce sentiment de culpabilité qui me pousse à regarder le Canal Football Club bien que je sache pertinemment à quoi m'attendre. M'infliger cette torture est peut-être une façon d'expier la faute que j'ai failli commettre... Et puis on est toujours curieux de savoir ce qui va être dit de soi à un million de téléspectateurs, même si l'on sait que ça ne va pas être reluisant.

Le résumé attendu arrive, ainsi que les commentaires qui l'accompagnent. Pierre Ménès, l'artilleur en chef, ne va pas rater une si belle occasion d'y aller de son refrain favori. Je suis « nul », ça va sans dire. « Comme toutes les semaines ! » précise-t-il. D'ailleurs, il me qualifie d'« inénarrable ». Comme quoi, il a du vocabulaire. J'aurais tout de même envie de lui répondre que si ce genre de mésaventure m'arrivait « toutes les semaines », je jetterais sans doute l'éponge. Masochiste peut-être, mais il y a des limites. Enfin, chacun son métier. Moi, je suis payé pour arbitrer et lui, pour expliquer aux gens que les arbitres sont nuls. Ce sont deux professions différentes.

Après tout, que ce bonhomme à la légitimité discutable fasse son beurre en allumant des joueurs de niveau international ou des arbitres aguerris ne me dérange pas en soi. Il faut reconnaître que ce sont ces avis tranchés qui ont fait son succès. Qu'il se laisse parfois aller à des jugements qui fleurent bon le bistrot, ce n'est pas un drame non plus. La télé est un spectacle et réclame parfois son compte d'outrance.

Ce qui est plus déplaisant, c'est l'incapacité qui est la nôtre de répondre aux invectives dont nous sommes l'objet. Contrairement aux joueurs qui ont la possibilité de remettre les pendules à l'heure et d'opérer un rapide et cinglant comparatif entre ce qu'eux et Ménès ont respectivement prouvé en matière de football, nous n'avons d'autre choix que de la boucler. Ce sont les consignes très fermes de Noël Le Graët depuis 2012. Hors de question que les arbitres s'immiscent dans la sphère médiatique pour justifier ou commenter leurs décisions. Et le problème n'est pas propre à la France puisque c'est également la règle en vigueur au niveau européen. L'arbitre est là pour siffler et se faire insulter devant tout le pays quand il se trompe de quinze centimètres sur une action qui aura nécessité dix ralentis pour ne même pas mettre tout le monde d'accord.

C'est dans ces moments-là que survient l'envie d'ouvrir un tant soit peu sa gueule. Qu'on ne laisse pas indéfiniment Pierre Ménès, Christophe Dugarry et leurs acolytes convaincre les foules que les arbitres sont des incapables quand eux-mêmes ont une connaissance limitée des règles. Car ces gens-là ont une influence réelle sur l'opinion. Ce dénigrement systématique et acharné de l'arbitrage français, on le ressent dans les commentaires au quotidien, a porté ses fruits : nous sommes nuls, fin du débat. Qui, par exemple, pour expliquer au public que la sous-représentation des Français dans les compétitions internationales n'est pas due à notre niveau mais à des jeux d'influence complexes dans les instances et au peu d'efforts fournis par nos représentants en ce sens ? Nous y reviendrons. À ça comme au reste. Afin que l'on comprenne que la réalité est un peu plus subtile que les affirmations péremptoires et souvent démagogiques de quelques adeptes des formules chocs.

L'idée de ce livre a sans doute germé ce soir-là, en regardant le CFC sur mon canapé. Si l'on autorise les criminels à expliquer voire à justifier leurs actes, on peut considérer qu'un arbitre de foot doit lui aussi pouvoir se le permettre, non ? Afin de faire comprendre à ceux qui aiment ce sport que nous ne sommes pas que des garde-chiourmes chargés de sévir et de punir leurs joueurs préférés, mais que nous faisons partie du jeu à part entière. Jeu qu'il nous faut connaître et comprendre pour prendre les décisions qui favorisent son expression et sa fluidité. Et nous, sommes-nous compris ? Qui sait que, lorsque nous accordons un penalty à tort, nous partageons la même détresse que l'attaquant qui met le sien au-dessus ? Sauf que l'on met rarement en cause la probité de ce dernier et qu'on l'applaudit lorsqu'il en transforme un autre. Mais ce ne sont pas d'applaudissements dont nous avons besoin. Pas plus que de sympathie ou de mansuétude. On ne devient pas arbitre pour se faire aimer. Ce qui nous manque, c'est un peu de compréhension de notre rôle et de sa complexité. Le respect suivra. Et pour ce faire, il n'y a pas d'autres solutions que d'expliquer et de raconter. Un jour viendra.

Mais pour l'heure, il faut que je me remette de mes émotions en espérant que mon fils n'entende pas trop de commentaires désagréables sur son père lundi à l'école. Parce que ça suscite aussi ça, les observations éclairées du journaliste à la mode. Les gamins ne se font pas de cadeaux. La moindre faiblesse est immédiatement exploitée par les petits camarades. C'est encore plus vrai quand le statut du papa peut engendrer quelques jalousies. Parce que ça en jette quand même d'avoir un père qui passe à la télé et qui côtoie des stars. Alors le jour où le prestigieux paternel est en mauvaise posture, les envieux sortent du bois. « Il est trop nul ton père ! » Eh oui, bien sûr qu'il est nul puisque Pierrot l'a dit à la téloche ! Quand les formules sont simples, les bambins les retiennent à merveille. Seulement, parfois, un petit garçon rentre à la maison en pleurant parce que les copains se sont moqués de papa en répétant les mots crus du spécialiste. C'est dans ces moments-là que l'on ressent l'urgence d'un peu de pédagogie.

En attendant la tribune espérée, le seul remède qui vaille à ma morosité du moment est d'aller au plus vite faire la preuve de ma nullité sur un nouveau match. A priori, ce ne sera pas à Nantes. On se console comme on peut.

CHAPITRE 2
VOCATION

On peut reprocher bien des choses à des présidents comme Waldemar Kita et l'on aurait tort de s'en priver, tant ils nous mènent la vie dure. Mais au moins reste-t-on, avec lui et ses semblables, dans un univers civilisé. Le ton peut monter et le verbe devenir fleuri, mais ça ne se terminera jamais en pugilat façon sortie de boîte de nuit. Quand un homme met un tel soin à se coiffer, ce n'est sûrement pas pour aller s'ébouriffer la tignasse dans un corps-à-corps vulgaire. À de très rares exceptions près, dans le gratin, on invective, on intimide, on persifle, mais on ne se fout pas sur la tronche. On a des manières.

Il en va souvent tout autrement dans les tréfonds du football hexagonal, ce football champêtre ou banlieusard plus fruste et plus viril. Certains diront plus authentique. On entend souvent ce discours angélique sur le sport amateur en général et le foot en particulier. On fait l'éloge de la simplicité joviale de ces passionnés venant tâter le cuir lors du match dominical loin du strass et des paillettes. On se pâme devant ces héros sans prétention uniquement motivés par le plaisir du jeu et de la convivialité. Réjouissant contraste avec ce football du haut et tout son écœurant pognon, et ces starlettes arrogantes et surpayées qui daignent à peine signer un autographe au pauvre gamin venu de si loin pour les applaudir. Révoltés par ce football d'élite symbole du capitalisme corrupteur et sans âme, les romantiques fondent pour le foot des clochers et des barres HLM qu'ils envisagent comme le refuge de la joie innocente et pure du jeu et des copains. De toute évidence, ces poètes n'ont jamais arbitré un match de quatrième division de district.

Pour ma part, je connais ce bonheur à dix-huit ans, une fois devenu arbitre de ligue. Après une poignée de rencontres uniquement perturbées par quelques éructations de poivrots autour du terrain et les jérémiades des joueurs (jérémiades qui sont les mêmes de votre stade municipal à Santiago Bernabeu), je découvre le triste envers de ce décor fantasmé par les exégètes du football populaire.

C'est un derby rural à une vingtaine de kilomètres de mon propre patelin d'origine. L'une de ces rencontres qui raniment de vieilles rivalités de clocher sans pour autant réveiller la bourgade assoupie. Il y a juste un peu plus de monde que d'habitude autour de la main courante et ça se frictionne avec entrain sur le gazon épars. D'un côté comme de l'autre, on en fait des tonnes sur l'honneur local à défendre en jouant des coudes et en haussant le ton à chaque contact. Vingt-deux petits coqs déterminés à impressionner leur basse-cour en se volant dans les plumes bien dressés sur leurs ergots. Jusque-là, rien qui puisse effrayer le jeune et fringant arbitre que je suis. Bien qu'inexpérimenté, j'ai suffisamment d'autorité naturelle pour maîtriser ces élans de testostérone. Souvent braillard et rugueux dans le duel, le footballeur des champs n'est pas pour autant de la mauvaise graine et l'on vient facilement à bout de ses bravades.

Mais le danger ne vient pas forcément de l'aire de jeu. Dans la vieille tribune en bois et ses alentours, on rivalise de quolibets depuis le coup d'envoi. Il faut dire que le niveau de jeu offre matière à rigolade. La virtuosité est rarement à l'honneur dans ces divisions inférieures qui font la part belle aux bourrins de tout poil. C'est encore plus vrai aujourd'hui avec cette volonté de suprématie cantonale qui encourage les uns et les autres à montrer leurs muscles avant toute chose. De contrôle du genou en reprise du tibia, c'est un festival burlesque qui donne aux boute-en-train du public l'occasion de briller. Les bons mots fusent à la cantonade dans l'hilarité générale. Moi-même, je dois parfois me retenir de pouffer suite à quelques vannes bien senties. Il y a comme ça dans nos campagnes de brillants esprits qui n'expriment leurs talents que lors des fins de banquets et des matchs du dimanche.

En l'occurrence, les comiques locaux visent principalement leurs propres joueurs, qui dérouillent méchamment. On pourrait se réjouir de voir les supporters prendre cette déroute avec bonne humeur, mais ce n'est pas le cas des joueurs en question qui ont de moins en moins d'humour à mesure que les pions s'empilent dans leur musette. D'autant qu'au gré des allers-retours des uns et des autres à la buvette, les saillies se font plus piquantes. L'humiliation aidant, les dents grincent et l'atmosphère devient plus lourde. J'exhorte les champions exaspérés à garder leur sang-froid et à ne pas prêter attention aux commentaires. J'use même d'un peu de flatterie en louant leur état d'esprit remarquable jusqu'à présent mais ne récolte que des grognements désabusés en guise de réponse et sens la partie m'échapper. Quand l'un des clowns municipaux se ridiculise d'une balle piquée dans les sapins alors qu'il a l'occasion de sauver l'honneur, la coupe déborde.
« Bien, le drop ! » s'amuse un petit bonhomme facétieux.

C'est la boutade de trop et l'attaquant maladroit se rue sur le plaisantin afin de lui faire passer l'envie de se marrer d'une bonne droite. Tout de suite, c'est l'émeute et les coups pleuvent entre les joueurs et leurs supporters sous le regard atterré de l'équipe adverse. Le règlement est formel : il est interdit de cogner le public. Je n'ai donc d'autre choix que de dégainer le rouge et d'indiquer la sortie aux éléments les plus belliqueux. Seulement, il n'est pas simple d'y voir clair dans cette mêlée et des protestations s'élèvent. Un expulsé m'assure bruyamment n'avoir fait que s'interposer et le fait est que je ne suis pas sûr de mon coup. Déjà complètement à la ramasse, l'équipe locale se retrouve amputée de trois membres et la colère se reporte maintenant sur moi. C'est la grande réconciliation du village sur mon dos. Le président rentre sur le terrain pour me traiter de fripouille et ses joueurs entonnent le même refrain. Le petit puceau que je suis n'a qu'à rester à l'écart de leurs histoires de famille ! On cherche à intimider le novice et ça fonctionne... Face à cette meute enragée, je n'en mène pas large. Mais je dois faire front et sévir. Un rouge de plus suite à des insultes et c'en est fini du match. Réduite à sept, l'équipe doit déclarer forfait. Bien entendu, les réactions sont hystériques et je suis physiquement menacé. Un cordon composé de joueurs et de supporters raisonnables se forme spontanément pour m'épargner le lynchage et m'accompagner jusqu'à mon vestiaire. On s'y enferme avec mes assistants la peur au ventre en attendant que les esprits s'apaisent. Dehors, ça crie et ça s'engueule entre les partisans de l'hallali et d'autres qui, plus mesurés, estiment que je ne mérite pas de mourir. Grâce leur soit rendue !

L'arrivée des gendarmes permet de ramener le calme pour de bon. Je vais pouvoir rentrer chez moi en vie avec la satisfaction d'avoir tenu bon dans la tempête. Ma conduite ferme sera saluée par la ligue et me vaudra de bons points. Je n'ai pas cédé à la pression et la décision de mettre un terme au match en excluant un joueur supplémentaire, bien que risquée, s'imposait.

Malgré ces éloges, il y a matière à réfléchir face à l'évidente ingratitude de la fonction. On peut légitimement s'interroger sur l'attractivité de ce rôle peu valorisé et potentiellement dangereux. Pour avoir affronté ces fous furieux et risqué de me retrouver à l'hôpital, je vais toucher quarante-cinq euros plus les frais de déplacement. C'est plutôt léger pour se faire insulter et menacer par une horde en furie.

Mais je dois être un peu dingue, car décidément tout cela me plaît. Cette tension permanente et ce défi consistant à imposer son autorité à vingt-deux types le plus souvent revêches. Sans parler des invectives provenant des bancs de touche et des tribunes. Rester droit dans ses bottes dans ce contexte est une vraie prouesse et le spectateur ne mesure pas ce que ce challenge a d'excitant. On considère, à raison, l'arbitre comme le mal-aimé du football. Il est certain qu'aucune de nos décisions ne déclenchera de ola et que l'hostilité envers nous est la norme. Mais ça n'empêche pas ce boulot d'être incroyablement gratifiant quand il est bien fait, quand on parvient à « tenir » son match comme le torero domine son taureau. Il y a de réelles similitudes entre l'arbitrage et la corrida. Il s'agit de maîtriser cet animal indocile que constituent les deux équipes en plantant quelques banderilles bien senties. À ceci près que, dans nos arènes à nous, on réclame généralement les oreilles et la queue du torero.

Perspective qui ne m'a nullement effrayé quand j'ai emprunté cette voie semée d'embûches. L'une des qualités premières requises par la profession est probablement d'être le plus imperméable possible à la peur et à la pression. Car chacun cherche à influer sur l'arbitre de toutes les manières possibles. Et ça débute généralement au moment précis où il décide de jouer du sifflet. Son entourage s'étonne et le met fréquemment en garde. À quoi bon aller au devant de tous ces ennuis ? Pourquoi risquer de se faire casser la gueule par des abrutis pour gagner des clopinettes ?

D'autres s'imaginent que c'est une voie de garage assez commode pour ceux qui n'ont pas assez de talent pour être joueur mais qui veulent atteindre le haut niveau quand même. Or, les chiffres sont nettement plus nuancés là-dessus. Sur les vingt-cinq mille arbitres qui exercent en France, seuls dix sont internationaux et vingt-quatre officiaient en Ligue 1 lors de la saison 2016-2017. Ce qui nous donne un ratio de 0,096 % des arbitres pratiquant à haut niveau et pouvant espérer en tirer un revenu confortable. À titre de comparaison, il y a environ 1650 joueurs pro en France pour deux millions de licenciés, soit 0,0825 %. En prenant en compte le fait qu'une très grande partie de ces deux millions n'a aucune envie de faire carrière, on peut même considérer que ce chiffre mériterait d'être revu à la hausse et qu'il n'est pas du tout acquis qu'il soit plus difficile de réussir avec ses pieds.

J'étais de toute façon très loin de ces considérations lorsque je me suis inscrit à l'âge de quinze ans à la formation initiale dispensée par la Commission départementale d'arbitrage de mon district. J'avais attrapé le virus en arbitrant les copains à l'entraînement un jour qu'une cheville en vrac m'empêchait de galoper avec eux. Ça m'avait plu instantanément d'observer les débats d'un œil vigilant et d'essayer d'y mettre bon ordre. Ce n'était certes qu'une petite opposition très amicale mais j'avais tout de même fait l'expérience des premières protestations et de la nécessaire pédagogie à adopter pour sanctionner sans heurt. Je n'en avais rien dit à mes potes sur le coup mais une idée venait de germer dans mon esprit. Une approche différente du ballon et, en un sens, un sport à part entière.

Lors de la formation de quatre jours, le déclic se confirme. Bien qu'elle fasse la part belle à des épreuves théoriques plus rébarbatives, je suis comme un poisson dans l'eau et on a la bonté de me trouver des dispositions pour le poste. Outre la connaissance des lois du jeu, les mises en situation sur le terrain me captivent. On m'y enseigne la gestuelle, l'art de se déplacer et de se positionner de façon à être au plus près de l'action sans gêner les acteurs ou encore le mode de délivrance des cartons. Je découvre une discipline complexe et exigeante mais aussi hautement technique. À bien des égards, c'est tout aussi passionnant que de jouer et je suis convaincu d'avoir trouvé ma voie.

Par bonheur, la Commission partage cette opinion et me voici nommé Jeune Arbitre de District. JAD, comme on dit dans le jargon. Sous la férule bienveillante d'un tuteur, je suis désigné sur un match de ma catégorie d'âge, en U16. Comme on appartient à la même tribu d'adolescents encore mal dégrossis, la principale difficulté est de gagner le respect de mes congénères. Pour ce faire, je m'applique à ne pas en rajouter inutilement dans l'autoritarisme et à expliquer le plus clairement possible mes décisions. Ni copain malgré la proximité d'âge, ni chefaillon malgré le maillot. J'essaie déjà d'instaurer avec les joueurs une distance respectueuse tout en entretenant l'idée que nous sommes sur le même bateau avec l'objectif commun de valoriser le jeu. Ce qui restera mon credo pour longtemps.

Il semblerait que cette attitude soit la bonne puisque l'on me suggère rapidement d'être candidat à l'examen de Jeune Arbitre de Ligue. J'accepte avec d'autant plus d'engouement qu'il ne consiste qu'en des épreuves pratiques, à savoir des évaluations sur des matchs de ma catégorie. C'est une facilité que l'on accorde aux Jeunes Arbitres de District du fait de leur expérience et que l'on appelle la « passerelle seniors ». Forcément, il entre dans cet examen une part de chance, puisque l'on est aussi tributaire des matchs sur lesquels on est évalué. Si une rencontre se termine en bagarre générale le jour où l'observateur est présent, c'est évidemment pénalisant même si l'on n'y est pour rien. Des carrières se jouent sur ce genre de coup du sort. Au mauvais endroit au mauvais moment. Même en travaillant très dur, on est tous soumis à cette loterie.

Ainsi, l'un de mes camarades, pourtant considéré comme extrêmement prometteur, tombe dans un guêpier fatal quelques mois avant mes propres évaluations. Une complète débâcle dans laquelle il n'était pour rien et qui lui a coûté sa carrière. Pris à partie par des mécontents droit sortis du Haut Moyen Âge, il a esquivé quelques crachats et autres projectiles avant de perdre ses nerfs. Dans un réflexe de survie, face à un énergumène qui se ruait sur lui avec des intentions clairement inamicales, il a frappé le premier. Claque dans la gueule et clap de fin pour un type qui était le calme incarné. Mais même un arbitre peut parfois tenir à sa peau.

Fort heureusement pour moi, rien de tel ne se produit lors de ces moments clefs. Juste un minimum d'animation pour que j'aie l'occasion de démontrer ma capacité à ramener le calme. Car un match sans histoire peut aussi être pénalisant dans la mesure où il nous donne peu de possibilités de nous distinguer. Exactement comme un gardien ne subissant aucun tir cadré. Il peut se vanter de n'avoir pas pris de but mais ça ne veut pas dire grand-chose. On a aussi besoin d'être sollicité pour prouver notre valeur.

C'est chose faite et j'entre donc dans la cour des grands à dix-sept ans. Enfin, des « grands » au sens de l'âge pour le moment. L'élite est encore très loin et je vais fourbir mes armes dans les divisions modestes évoquées au début de ce chapitre. Une école âpre et parfois folklorique où je vais pouvoir me forger un mental tout en apprenant le métier dans de bouillants derbys ruraux... C'est en tout cas une étape importante marquée par mon premier séminaire de rentrée des arbitres. Ces séminaires se déroulent dans de grands amphis dotés de terrains de foot ou d'une piste d'athlétisme pour valider les tests physiques. Nous sommes deux cents arbitres de ligue réunis ici et j'ai pour la première fois le sentiment d'appartenir à cette glorieuse corporation. Étant l'un des plus jeunes, je me fais discret et cherche avant tout à observer et à apprendre de mes aînés. Ces derniers me considèrent avec attention car nous ne sommes pas si nombreux à atteindre ce cap avant même notre majorité. Nous avons fatalement plus de chances d'aller loin que ceux qui y parviennent à vingt-cinq ans.

Si l'ambiance est bonne, j'apprendrai à me méfier avec le temps. La sympathie que me témoignent les anciens et les ambitieux déclinera à mesure que je dévoilerai mon propre potentiel et mes objectifs élevés. Les places au sommet sont rares et chacun joue pour sa poire. Des clans se constituent spontanément par affinités, ne comprenant généralement qu'un seul Rastignac du sifflet autour duquel gravitent quelques dévoués seconds couteaux. Au sein de ces coteries, la solidarité règne. On encourage celui qui souffre durant les tests d'endurance, on congratule celui qui gravit un échelon et on console le candidat malheureux à un examen. Mais par ailleurs, c'est chacun pour soi et mieux vaut en avoir conscience le plus tôt possible. Les coups bas existent et gagnent en ampleur avec l'enjeu. Un assistant envieux de l'arbitre principal peut parfaitement saborder son match en ne respectant pas ses consignes. Dans l'arbitrage comme dans bien des milieux, l'ambition va souvent de pair avec la plus basse mesquinerie.

Enfin pour l'heure, je lutte uniquement contre moi-même. Car c'est surtout sur le plan physique que ce premier séminaire est ardu. On enchaîne d'éprouvantes séries de six sprints de quarante mètres en moins de six secondes vingt en guise de mise en bouche. Puis vient le redouté test Werner Helsen : cent cinquante mètres en trente secondes suivis de cinquante mètres en quarante secondes pour récupérer sur dix tours de piste. Le tout à répéter vingt fois. Autant dire que le contrôle des connaissances est une formalité en comparaison si l'on a bossé correctement. Je n'en ai pas encore conscience, mais cette volonté farouche d'avoir des arbitres qui soient des athlètes émérites s'inscrit dans le jeunisme qui a cours dans les instances. C'est un moyen imparable de mettre les anciens sur la touche. Mais pour l'instant, je n'ai pas lieu de m'en plaindre. Cette gérontophobie m'est plutôt profitable malgré les guiboles qui flagellent en fin de journée.

Dans ce domaine, je ne suis pas au bout de mes peines. L'un des aspects souvent ignorés de notre rôle est sa colossale exigence sur le plan physique. Un arbitre, ce sont des yeux et une tête, mais aussi des jambes. Au plus haut niveau national, un arbitre court entre onze et douze kilomètres par match. Ce qui correspond aux chiffres les plus élevés chez les joueurs, que l'on retrouve généralement chez les milieux offensifs. De fait, notre VMA (vitesse maximale aérobie) est supérieure à celle de beaucoup d'entre eux. Il va falloir prendre sacrément soin de la machine et exploiter toutes ses possibilités pour espérer tutoyer le sommet. Plus tard, je découvrirai le suivi méticuleux que réclame la répétition de ces efforts semaine après semaine. Quand je ferai mes exercices quotidiens muni de ma montre Polar V800 à 450 euros... Elle enregistrera toutes sortes de données telles que les kilomètres parcourus, mon rythme cardiaque ou encore les calories dépensées. Chaque semaine, je me connecterai sur un logiciel pour transmettre toutes ces informations au préparateur physique Jean-Michel Prat à Clairefontaine qui en tirera les conclusions qui s'imposeront. Enfin, surtout pour les meilleurs d'entre nous, puisque le suivi individuel des arbitres n'est pas à la hauteur de celui qu'un club fournit à ses joueurs. Les consignes personnalisées sont surtout le lot des internationaux. C'est à eux que l'on suggère de travailler davantage la vitesse, la haute intensité, de privilégier le fractionné ou, au contraire, de lever un peu le pied quand certains font du zèle pour épater la galerie.

Ce que je vais d'ailleurs m'efforcer de faire à mon modeste niveau alors que la saison débute. Car la compétition est de mise entre nous comme entre les équipes que nous allons arbitrer. Nous sommes observés et notés à plusieurs reprises durant l'année, puis classés. Les meilleurs sont promus, les plus mauvais sont relégués et le ventre mou reste à sa place. Exactement comme pour les clubs. Mon objectif est d'atteindre au plus vite le plus haut niveau de la ligue pour passer au niveau régional, en attendant mieux...

Cependant, la route est longue et il faut d'abord ferrailler dans le monde amateur avec ses grandeurs et ses limites. Limites qui sont d'abord économiques. Fidèle à une vieille tradition, notre bien-aimée FFF ne jure que par le haut niveau. La répartition des moyens pourtant faramineux dont elle dispose est très nettement en défaveur des petites ligues régionales qui doivent se débrouiller avec des bouts de ficelle. Au propre comme au figuré, comme nous allons le découvrir... Avant tout soucieuse de sa vitrine qu'est l'équipe de France, la fédé rechigne à accorder leur part du gâteau aux manants que nous sommes. Pourtant, les futures vedettes des Bleus se trouvent bel et bien dans nos petits clubs, où de courageux bénévoles les façonnent dans l'ombre. Ces gens-là ne le font ni pour la gloire, ni pour l'argent et mériteraient sans doute un peu plus de considération. Il en va de même pour les arbitres amateurs qui vont régulièrement se mettre en danger pour une obole dans des stades où l'on ne dispose même pas de drapeau de touche.

C'est ce qui m'arrive alors que je suis assistant sur l'une de mes premières sorties en senior. Le club qui nous reçoit est particulièrement pauvre et tout leur fait défaut. On est presque surpris de voir de l'eau couler dans les douches tant la contrée évoque le tiers-monde. Autour du terrain sableux où agonisent quelques brins d'herbe, il n'y a pas de tribune et seulement la moitié d'une main courante complètement rouillée. S'il n'y a pas de gazon, la végétation est en revanche luxuriante derrière l'une des lignes de touche que des ronces sont toutes proches de grignoter. Cela a au moins l'avantage de délimiter l'aire de jeu, vu que la chaux manque également. En revanche, les joueurs en seront quittes pour quelques éraflures quand il leur faudra tirer des corners dans cette zone. Mais ils ne seront pas gênés par les poteaux de corner qui sont, eux aussi, portés disparus, comme le sont également les drapeaux. Il faut pourtant bien que je signale les hors-jeu. Alors comme toujours, on s'en remet au bon vieux système D et les Géo Trouvetou du coin découpent un manche à balai sur lequel ils attachent un pauvre carré de tissu avec des clous. Et me voilà arpentant la ligne avec mon morceau de balai et en affrontant moi aussi leurs satanées broussailles. C'est la dèche la plus complète, mais ça a du bon, pour être honnête : comme l'environnement est plutôt chaud, ça me rassure un peu d'être armé de ma petite matraque. Avec les clous qui dépassent, c'est idéal pour calmer les ardeurs du contestataire un peu trop virulent.

Car la violence est l'autre fléau du football populaire. Plus encore que le manque de moyens, dont on peut s'accommoder avec un balai et trois clous. Les bastons qui émaillent les matchs à la campagne sont peu de chose en comparaison du climat qui règne dans certains stades de banlieue des grandes agglomérations. Le foot est le reflet de la société, comme on dit dans les nombreux reportages consacrés au sujet à la télé... Et il est vrai que la défiance d'une partie de cette jeunesse des cités envers l'autorité se traduit par une agressivité souvent spectaculaire à l'égard du corps arbitral. Nous sommes fréquemment perçus par ces gamins paumés comme l'équivalent sportif du flic honni. Le degré de violence dans certaines ligues particulièrement sensibles est tel qu'elles font face à une pénurie d'officiels. Beaucoup d'entre eux renoncent à risquer leur vie pour un match de foot et on ne peut que les approuver. C'est certes un problème qui dépasse le cadre du sport. Mais il l'affecte gravement.

Pour ma part, j'ai eu la chance de passer entre les gouttes et de ne pas avoir d'ennuis sérieux. Il faut dire que j'exerce au niveau amateur avant que la violence n'y connaisse une croissance exponentielle dans les années 2010. J'ai mon lot d'insultes et de menaces mais ce sont des choses auxquelles on apprend à faire face avec une certaine décontraction quand elles se répètent chaque week-end. Ma mère, en revanche, ne s'y fait pas, et entendre son fils se faire traiter de la sorte la plonge systématiquement dans des colères noires. À tel point qu'elle finit par renoncer à se rendre au stade. Seul mon père m'y accompagne désormais. Une habitude qu'il gardera durant toute ma carrière quand il en aura la possibilité. Un soutien indispensable qui m'aidera à surmonter bien des moments délicats.

Mais je ne suis pas totalement épargné par les questions sociétales de l'époque. Alors que les attentats de Paris sont encore loin et que l'on parle assez peu de radicalisation, je suis désigné pour un match dans un quartier dit sensible. L'heure du coup d'envoi venue, j'ai la surprise de constater l'absence d'une bonne partie de l'équipe locale. Très vite, on m'explique que les joueurs en question sont en train de prier. Ce n'est pas vraiment protocolaire mais, le sujet étant délicat, j'essaie de me montrer accommodant et de ne pas mettre d'huile sur le feu. Seulement, les minutes passent et ces pieux footballeurs n'en finissent pas de se recueillir. Hermétiques à cette foi ardente, les joueurs adverses s'impatientent et se plaignent, à juste titre, de perdre le bénéfice de l'échauffement. Or, je ne peux de toute façon pas faire démarrer le match car le gardien fait partie de ces croyants rigoureux. Et une équipe ne peut pas jouer sans gardien. Sur mon insistance, les retardataires finissent par rentrer sur le terrain dans une ambiance tendue. Bon gré mal gré, nous arrivons au bout de la première mi-temps. À la reprise, voilà qu'ils remettent ça ! Et nous nous retrouvons entre mécréants à attendre dans le froid. Cette fois-ci, un élan de laïcité l'emporte sur le respect du culte. Comme le règlement nous y autorise en pareil cas, mes assesseurs et moi-même arrêtons le match. La tolérance a ses limites. D'ailleurs, on ne nous le reproche pas, mais une bagarre éclate entre les joueurs et les spectateurs sur fond de conflit communautaire. Triste préfiguration du prévisible envenimement de la situation dans nos périphéries divisées. Bientôt, des révélations se feront jour sur l'emprise majeure de l'islam sur de nombreux clubs sportifs, qui deviendront les premiers vecteurs de radicalisation avec les associations et les lieux de culte.

Encore peu soucieux de ces problématiques, ma religion à moi c'est l'arbitrage et je progresse doucement vers le saint des saints. En quelques petites années, j'atteins le plus haut niveau départemental et suis promu Arbitre Ligue 1. Non, pas la Ligue 1 que l'on voit à la télé, mais ça brûle... On est dans l'antichambre du monde professionnel. C'est désormais en CFA2 (future National 3) et en CFA (future N2) qu'il me faut faire mes preuves avant de passer l'examen fédéral. Galvanisé par les rapports toujours élogieux de l'observateur, ma confiance est à son maximum. C'est la même conviction que celle qui anime l'avant-centre persuadé de faire trembler les filets. Il ne s'agit pas de penser que l'on peut réussir mais de savoir qu'on va le faire.

Les enjeux, les contraintes et les sollicitations augmentent, mais j'ai l'avantage de pouvoir compter sur un employeur conciliant. Et pour cause, puisque je travaille à La Poste, qui est depuis quelques années le sponsor des arbitres français. C'est un atout considérable, dans la mesure où beaucoup de mes concurrents travaillent pour des entreprises peu enclines à aménager leurs horaires pour leurs déplacements ou leurs révisions. Ça n'a rien d'un détail et peut, au contraire, modifier un destin. La Poste, j'ai beaucoup à y gagner.

De fait, je ne vais pas rester très longtemps Arbitre Ligue 1. Sorti bien classé de ma promo, j'officie principalement en CFA et recueille des avis très favorables. Si bien que je ne vois pas de raison d'attendre plus longtemps pour me lancer dans l'examen écrit. Examen que j'ai le loisir de potasser comme il se doit grâce à mon patron compréhensif. Depuis, c'est devenu un concours auquel seuls les quinze premiers sont admis ; mais en ces temps pas si reculés, il s'agissait d'obtenir une note minimum afin d'être admis à la partie pratique l'année suivante.

Sans surprise, je valide la théorie sans difficulté. Mais la pratique est toujours plus incertaine. Je suis soumis aux mêmes aléas que lorsque j'étais devenu jeune arbitre de ligue. La même angoisse de tomber sur un match trop calme pour se mettre en valeur ou de se retrouver au milieu d'un scénario catastrophe. Par exemple, les joueurs qui prient avant le match et qui finissent par se battre avec leurs adversaires, je préférerais que ça tombe un autre jour...

L'inconvénient, c'est que les équipes savent que l'on est noté et qu'elles en jouent. Le nom de l'observateur apparaît sur Foot 2000, l'espace dédié aux clubs où figurent tous les renseignements concernant une rencontre. Du coup, les joueurs cherchent à nous perturber. C'est de bonne guerre mais c'est assez pénible. Dans ces conditions, pas moyen de sortir un carton sans s'entendre dire : « Tu sors un jaune parce que t'es noté ! Arrête de faire le chaud ! » Même si le niveau est nettement supérieur au district, il y a des stades difficiles en CFA, comme en National d'ailleurs. On ne se sent pas forcément en sûreté quand on officie à Villefranche, Saint-Priest ou Fécamp. Fécamp et son terrain en pente où l'un de mes collègues a évité de justesse les boules de pétanque envoyées par un demeuré du cru... Ce sont des championnats intermédiaires dans lesquels certains joueurs ont le niveau pro ou en sont très proches tout en évoluant parfois dans des cadres très amateurs avec le public autour de la main courante et des dirigeants surexcités qui se conduisent n'importe comment. Un pied dans chaque monde.

Et c'est bien le grand monde qui me tend les bras après mes trois premières évaluations. Dans des circonstances il est vrai favorables, j'ai réalisé un sans-faute et ne suis plus qu'à une marche de l'objectif. De toute évidence, si cette ultime rencontre se déroule bien, l'affaire est dans le sac.

J'ignore si ma fébrilité est perceptible, mais les joueurs ont choisi ce grand jour pour me mettre une grosse pression. Il faut dire que c'est un match décisif pour la montée et que la nervosité est générale. À chaque coup de sifflet, je déclenche un esclandre. Sachant qu'il s'agit pour moi aussi d'un match à enjeu, consigne a visiblement été donnée de me mener la vie dure. Mais cette stratégie va se retourner en ma faveur. Passée l'anxiété initiale, je me reprends et domine mon sujet. Comme les troupes sont particulièrement indisciplinées, je suis contraint de sortir l'artillerie pour ramener le calme. Trois rouges plus tard, l'ordre est revenu et les deux équipes se séparent sur un nul qui annihile leurs espoirs réciproques. Je suis peut-être le seul futur promu sur la pelouse.

Il me faut patienter quelques jours pour en avoir confirmation. Même si tous les voyants sont au vert, on peut difficilement se départir d'une certaine appréhension dans ces moments-là. Après tout, peut-être que je me suis surestimé ? Ou que les observateurs me disaient ce que je voulais entendre pour être tranquilles ? Envisageant tous les scénarios, j'alterne entre l'espoir et la crainte jusqu'au verdict.

Comme nous sommes quasiment à la préhistoire, celui-ci me parvient via le Minitel. Il n'empêche qu'elle me comble, cette relique, en m'annonçant ma récompense à l'issue de ce parcours du combattant. Je vérifie une bonne dizaine de fois avant de savourer pleinement mon accomplissement. Adieu les balais-drapeaux de touche, les rivalités cantonales, les terrains sans herbe, les douches tièdes et les délinquants en crampons. Vous allez tout de même me manquer un peu. J'abandonne toutes ces réjouissances pour une autre galaxie dans laquelle tout n'est pas aussi rose que je l'imagine. Je vais faire la connaissance d'emmerdeurs d'une autre espèce et découvrir des tracasseries que je ne soupçonne pas encore.

Mais chaque chose en son temps. L'été suivant, je vis un rêve éveillé en arrivant pour la première fois à Clairefontaine pour le séminaire de rentrée. Je me présente au PC de sécurité situé à l'entrée avec la bagnole un peu pourrie du prolétaire que je suis encore. Inutile de dire que les agents de faction sont habitués à voir défiler des véhicules plus rutilants. Mais mon nom figure bien sur la liste et les grilles s'ouvrent. Je parcours alors l'immense allée bordée de rhododendrons en respirant à pleins poumons ce parfum de légende. Ce lieu mythique, je ne le connaissais qu'à travers les images des *Yeux dans les Bleus*. Par la suite, mon enthousiasme envers le château s'émoussera, car il faut bien admettre qu'on s'y ennuie ferme... Mais en pénétrant dans la maison des Bleus, je mesure le chemin parcouru depuis mes premiers coups de sifflet de môme boutonneux. Dix ans d'efforts pour en arriver là et récupérer la dotation officielle. Le survêtement, la tenue d'arbitrage, les crampons, les baskets et la tenue d'échauffement. C'est surtout l'écusson bleu blanc rouge frappé du coq qui retient mon attention. Je me sens dans la peau d'un joueur sélectionné pour la première fois en équipe de France. Pourtant, je suis encore loin d'être international. Il va encore me falloir de la sueur et de la patience pour tenter d'y parvenir. En attendant cette échéance hypothétique, je vais déjà voir comment ça se passe en haut du football français.

CHAPITRE 3
CHEZ LES PROS

La panoplie, c'est bien joli, mais pour l'instant je ne suis que Fédéral 4 et ne peux officier au centre qu'en CFA. Et encore, je ne m'en tire pas si mal : sorti bien classé de ma promo, j'échappe à la CFA2. Je vais devoir me distinguer à chaque match si je veux gravir les échelons. Il n'est désormais plus question d'examen. Les arbitres fédéraux sont observés et notés tous les week-ends et leur progression découle de leur classement. Pour tâter de la Ligue 1 au centre, il faut être Fédéral 1. La concurrence sera rude et le moindre coup de sifflet inapproprié peut retarder ou compromettre cette échéance. Pour le grand dépaysement, il va falloir attendre.

C'est plutôt dans le regard des autres que je remarque une vraie différence. Maintenant que j'arbore ce bel écusson fédéral, joueurs et dirigeants me considèrent avec davantage de respect. J'ai changé de statut et je le ressens immédiatement. Sur le terrain, le ton est un peu plus courtois et dans les coulisses, on se permet moins de familiarités. Si j'en suis là à mon (jeune) âge, c'est que je peux aller loin. Et c'est d'ailleurs bien mon intention. Mais j'aurais tort de prendre goût à cette déférence qui ne sera que passagère. Avec ou sans écusson, l'arbitre reste l'homme à abattre quel que soit le niveau. J'aurai tout le temps de le vérifier.

Ma nouvelle condition m'offre tout de même la possibilité de découvrir le monde professionnel en tant que quatrième arbitre en Ligue 2. Un bon moyen de retrouver l'humilité en étant à nouveau traité comme un petit bleu. On ne fait pas grand cas de ma personne sinon pour se défouler quand les décisions du central déplaisent à l'un des deux camps. C'est-à-dire à peu près tout le temps. Pour beaucoup, cela semble être la fonction principale du quatrième arbitre. Recevoir tous leurs griefs et les noms d'oiseaux qui vont avec. Le reste du temps, joueurs et entraîneurs nous ignorent assez royalement, convaincus qu'ils sont de notre inutilité. Là-dessus, ils font erreur car nous avons le devoir d'intervenir si l'arbitre central prend une mauvaise décision. Notre rôle ne se borne pas à vérifier la taille des crampons ou à décompter les arrêts de jeu. Pourtant, ce mépris perdure et autorise tous les excès de langage. Nous sommes le bouc émissaire que les coachs ont sous la main pour exorciser leurs innombrables frustrations.

Michel Der Zakarian, à qui j'ai affaire pour la première fois alors qu'il dirige Clermont Foot, est un grand spécialiste de la chose. Toujours occupé à récriminer bruyamment pour un oui ou pour un non. On ne joue pas depuis dix minutes qu'un corner refusé le fait sortir de ses gonds. Il bondit comme un diable dans ma direction : « Ça y est ! Ça commence ! » Effectivement, ce n'est que le début. Son cirque va durer jusqu'à la fin du match. Un roquet infernal me montrant ses crocs à chaque contrariété. Encore un peu tendre, je n'ose pas prendre la décision qui s'impose et le laisse sortir de sa zone et m'invectiver pour la moindre touche. L'observateur me fait remarquer que je vais devoir m'endurcir pour soigner ce genre de loustics. La leçon est retenue et les prochains gueulards ne s'éterniseront pas. Les stades sont rarement pleins en Ligue 2, il y aura de la place pour eux en tribune.

Malgré ces petits désagréments, la Ligue 2 m'offre un avant-goût prometteur du gratin. La ferveur n'est pas la même qu'à l'étage supérieur mais il y a tout de même des caméras et quelques ambiances mythiques. De grands clubs déchus séjournent dans l'antichambre en ces années-là, tels que Strasbourg ou Lens. Le premier match à Bollaert, c'est une expérience pour n'importe qui. Que ce soit en tant que joueur, simple supporter ou quatrième arbitre, on ne peut qu'être émerveillé quand *Les Corons* de Pierre Bachelet résonne dans les tribunes, portée par les voix de trente mille chtis en osmose. Ce moment d'émotion collective contribue d'ailleurs à apaiser les esprits en coulisses. C'est le cas ce jour où un émule de Der Zakarian est occupé à nous les briser dans le couloir à la mi-temps. Il y a de l'électricité dans l'air et l'explication est vive. Puis la clameur engloutit notre chahut. « *Au nord, c'était les corons...* » Soudain, tout le monde la boucle et écoute le chant majestueux venu du fond des mines. On a la chair de poule et plus du tout le cœur à s'engueuler. Hélas, la magie n'opère qu'un temps et les mauvaises habitudes reprennent très vite, à Lens comme ailleurs...

La Ligue 2 n'est pas un championnat de stars mais on y trouve quand même quelques visages connus. Pour la première fois, je croise des types que j'ai vus à la télé. Des joueurs comme Jérémy Hénin, Julien Féret ou Jérôme Leroy. Leroy est souvent perçu comme une tête brûlée mais ce n'est vraiment pas l'impression qu'il me donne. Peut-être assagi à l'automne de sa carrière, je le découvre très calme, poli et discret. Quand je contrôle son équipement à la sortie des vestiaires, il me salue très gentiment. Presque timidement, à vrai dire. J'ignore si c'est l'effet de la maturité ou s'il a tout simplement les nerfs fragiles en certaines circonstances. Tous les arbitres connaissent des joueurs de ce genre, qui sont la douceur incarnée la plupart du temps mais qui sont capables aussi des coups de folie les plus spectaculaires. L'exemple le plus emblématique est évidemment Cyril Rool, que j'aurai l'occasion de diriger un peu plus tard. Un personnage adorable, régulièrement trahi par une sensibilité à fleur de peau. Ses adversaires le savaient et faisaient en sorte de le faire dégoupiller par de subtils stratagèmes. En tant qu'arbitre, il faut redoubler de vigilance et de dialogue dans une situation comme celle-là. C'est l'une des différences majeures quand on commence à prendre du galon : on connaît de plus en plus les joueurs. Si bien que l'on peut avoir une approche spécifique et personnalisée. Ce qui est impossible dans les divisions inférieures, où les joueurs sont pour la plupart anonymes.

Mais les joutes obscures s'éloignent pour moi, car je suis promu Fédéral 3 dès ma deuxième année. En tant qu'arbitre central, le bond n'est pas spectaculaire puisque je vais désormais évoluer en National. Le niveau comme le contexte ne sont pas très différents de la CFA, si ce n'est que l'on y rencontre un certain nombre de professionnels. Mais il s'agit d'un palier essentiel car je me vois ouvrir les portes de l'aristocratie ! En tant que quatrième arbitre, certes, mais ça reste très fort sur le plan symbolique. Cette Ligue 1 que l'on aime tant déprécier avec ce goût de l'autodénigrement qui caractérise le peuple français, moi elle me fait rêver. À en entendre certains, son niveau se situerait quelque part entre la Biélorussie et la Finlande. On oublie, ou on feint d'oublier, qu'il s'agit d'un championnat majeur fort d'une grande histoire et riche en stades prestigieux. On a beau vivre dans l'ombre de nos voisins anglais, espagnols et allemands, la Ligue 1 reste une compétition de haut niveau et il me tarde de découvrir ses arcanes.

Quand arrive ma première convocation à la fin du mois d'août, je suis comme un petit garçon un matin de Noël. C'est la récompense de longues années de travail acharné et de sacrifices. Les terrains pourris de cinquième division de district et les meutes braillardes agglutinées sur la main courante paraissent soudain bien loin. Enfin, peut-être pas si loin que ça puisque je suis attendu dans l'antre héraultais de Loulou Nicollin. Le légendaire et rabelaisien président de Montpellier ne dépareillerait pas forcément, il faut le reconnaître, à la buvette du stade municipal d'une bourgade reculée. C'est précisément cette gouaille populaire et cette faconde qui le rendent unique et je suis impatient de voir ça de près.

L'autre grande nouvelle, c'est que l'arbitre central sera Laurent Duhamel, l'un des meilleurs sifflets français de sa génération. Le genre de mec que j'ai pour habitude d'observer minutieusement devant mon écran pour m'en inspirer. Avoir l'occasion de le voir à l'œuvre *de visu* et d'échanger avec lui s'annonce riche en enseignements. Après tout, je suis aussi là pour apprendre.

Ce qui est moins enthousiasmant, c'est la présence sur le banc de René Girard. Il est connu dans le milieu pour être l'un des pires emmerdeurs de la création et c'est moi qui serai dans son giron pour subir ses foudres. Encore plus sanguin et agressif que Der Zakarian, ce qui n'est pas une mince affaire.

Cette rencontre-là, je l'appréhende un peu. Le fait que je sois novice à ce niveau risque fort de lui donner des ailes.

Sur le plan architectural, mon premier contact avec la Ligue 1 est assez décevant. Le stade de la Mosson est vétuste et colle mal avec le prestige que revêt pour moi cette première. À l'image de ce que je découvrirai plus tard à Nantes, le vestiaire qui nous est dévolu est triste et dénué de décoration. Un blanc maussade domine la pièce plus longue que large et qui donne sur les douches et la table de massage. Un décor qui évoque davantage un dispensaire de savane que les fastes du football hexagonal.

Un dispensaire, nous pourrions justement en avoir grand besoin, car la soirée se passe mal pour les hommes de La Paillade et l'austère Girard fait honneur à sa triste réputation. Le fait est que je ne leur porte pas bonheur pour mes débuts, mais je n'ai pas l'impression que mes collègues et moi-même y soyons pour quoi que ce soit. Les Montpelliérains ne mettent pas un pied devant l'autre et c'est l'unique explication à leur déroute. Résignés, les joueurs eux-mêmes ne protestent pas face à l'implacable verdict du terrain.

Mais leur mentor ne l'entend pas de cette oreille. Alors qu'ils encaissent un troisième but ne souffrant aucune contestation, il devient littéralement possédé et invoque Dieu sait quelle faute adverse préalable.

Ayant le malheur de me trouver dans les parages, c'est moi qui essuie les salves ordurières. Mes tentatives pour le calmer me valent une réponse sans appel : « Ferme-la, toi ! Retourne dans ta niche ! » Le visage déformé par la colère, il me ferait presque peur : il a tout du fou prêt à découper sa famille entière en rondelles. En parlant de famille, digne héritier de la dinguerie paternelle, son fils Nicolas lui emboîte le pas et s'égosille à son tour. Tandis que le naufrage de leurs protégés se poursuit, ils n'en finissent plus de me prendre à partie sans motif et, cette fois, je ne m'en laisse pas compter. Ils vont aller postillonner dans les gradins.

Mais le tintamarre reprend dès la fin du match, dans le couloir. Le Gardois ne décolère pas et vient encore braire des insanités à nos oreilles épuisées. Le comble est que René Girard fut un cadre éminent de la direction technique nationale, vénérable institution censée former les nouveaux entraîneurs en leur inculquant notamment des valeurs de respect et de tolérance. Des termes qui semblent lui être pour le moins étrangers.

Enfin à l'abri de sa fureur dans notre vestiaire spartiate, c'est une visite d'une autre distinction qui nous attend. On est pourtant vaguement anxieux quand le bénévole chargé de notre accueil nous annonce que le président Nicollin va venir nous dire un mot. Vu la tournure des événements, il n'est pas totalement acquis que ce soit un mot doux.

On connaît la truculence parfois outrancière du bonhomme… Un soir de déception comme celui-là, quelques épithètes fleuris pourraient résonner dans la turne, et des saucisses pourraient se voir détournées de leur destination initiale.

Le moins que l'on puisse dire, c'est qu'on s'inquiète pour rien. Il ne partage pas du tout le sentiment de son entraîneur, le bon président Loulou. Quand il envahit la pièce de son imposante personne, il annonce tout de suite la couleur : « Merci messieurs, c'était du bon boulot. » Le tout prononcé sans une once d'ironie. Mais ça ne l'empêche pas d'être remonté. Seulement, en observateur lucide, il ne se trompe pas de cible : « Bah, on a les pieds carrés, que voulez-vous que je vous dise ! » La prestation d'un attaquant récemment recruté le met particulièrement en verve : « Celui-là, j'aurais mieux fait de prendre directement une chèvre, il a passé le match à brouter le gazon ! » Sur notre performance à nous, en revanche, il ne voit rien à redire. En dépit de la dégaine approximative et du verbe haut, c'est la grande classe. Au sujet de son impétueux entraîneur, il se contente de ruminer : « Oh, il est à moitié fou René, il me fait chier… Mais il est bon ! » Ce qui n'est pas faux non plus, comme il le démontrera par la suite. Puis, il prend congé en s'excusant car il est temps d'« aller bouffer ». Non sans nous souhaiter une excellente soirée en nous signalant une bonne adresse du centre-ville pour ripailler également. Sans être tout à fait Jean Rochefort, c'est aussi une certaine idée de l'élégance, monsieur Louis Nicollin.

Le genre de rencontre qui met en appétit à tout point de vue. De quoi redoubler d'ardeur à la tâche pour revenir en tant que numéro un et être au cœur de cet excitant théâtre. D'effort en effort, j'accomplis mon petit bonhomme de chemin et passe Fédéral 2. Une seule marche me sépare désormais du sommet national. Marche qu'il me faut gravir dans les rudes combats de Ligue 2 ou j'officie désormais en tant que central. Ma première désignation est un moment émouvant : j'accède à la LFP avec l'écusson qui va avec. Financièrement, le bond est notable. Plus de 1500 euros brut par match auxquels s'ajoutent les frais de déplacement à hauteur de quarante centimes le kilomètre. Et on commence à faire de la route à ce niveau... Si bien que je remplace ma 205 délabrée par une Golf et offre quelques bons restos à ma chérie du moment. Il faut qu'elle en profite, l'appétit vient en mangeant et je deviens ambitieux dans tous les domaines. Je ne vais peut-être pas me contenter de changer de bagnole.

Par rapport au National, le jeu gagne aussi en intensité. Ça va plus vite, même si ce n'est pas spécialement plus technique. Il y a sensiblement la même proportion de beaux joueurs de ballon dans les deux divisions. À savoir un pourcentage modeste... Mais il y a plus de monde dans les tribunes, plus de journalistes et un frémissement supplémentaire dans les matchs de haut de tableau avec cette élite si proche qui fait saliver tout le monde – et moi le premier.

C'est précisément la raison pour laquelle ces désignations en Ligue 2 ne me plongent pas dans l'extase. Ce n'est qu'une étape sur l'itinéraire que je me suis fixé. Maintenant que j'ai eu un aperçu du pinacle, le reste me paraît un peu fade. Même en tant que quatrième arbitre, une affiche de Ligue 1 est infiniment plus enivrante qu'un duel à l'échelon inférieur. La couverture médiatique et la pression environnante sont totalement incomparables.

Si bien que les joueurs et moi partageons la même volonté de tout donner pour se retrouver à l'étage au-dessus. Beaucoup parmi eux y ont également goûté et ne rêvent que d'y retourner. Ne nous faisons cependant pas d'illusions, avoir les mêmes rêves ne signifie nullement que nos rapports soient idylliques, ni même simplement cordiaux. D'autant qu'ils me perçoivent régulièrement comme un obstacle à leur quête, tandis que la réciproque est moins vraie. Il va sans dire qu'ils sont nombreux à considérer que leur pénitence se prolonge à cause de moi et de mes semblables. Ce serait notre petit plaisir sadique de les voir se morfondre à la cave en leur refusant tous ces penaltys si flagrants. Ici aussi, les « merci » sarcastiques et les complaintes amères sont la norme. Pas plus d'objectivité à Châteauroux ou Troyes qu'à Auxerre, Bordeaux, Paris, Manchester ou Munich.

Il arrive pourtant qu'un mot sympathique soit échangé et que l'on sente chez certains joueurs une forme de connivence qui fait toujours plaisir à entendre. Il est vrai que cela se produit plus facilement quand les circonstances sont heureuses. Comme ce soir de match décisif où les vainqueurs valident leur ticket pour l'élite. Moi-même, j'espère voir le mien poinçonné à l'issue de la saison. Après le coup de sifflet final, je félicite le capitaine comblé. De toute évidence bien renseigné et ayant apprécié ma prestation, ce dernier me renvoie le compliment : « Bravo à vous aussi ! À l'année prochaine peut-être... »

Il ne croit pas si bien dire. Car je vais enfin emprunter le même ascenseur que les héros du jour. Pour ma part, ça ne s'est pas décidé au terme d'une rencontre au scénario imprévisible. C'est simplement la conséquence logique d'une progression que je ressentais très nettement sur le terrain. Le désir chevillé au corps d'aller voir plus haut me donnait un sentiment d'invincibilité. À mesure que tombaient les observations positives, j'avais l'impression que rien ne pouvait m'arriver. Mon ultime saison dans les divisions subalternes se conclut sur un sans-faute et je suis fin prêt pour diriger les débats chez les grands.

Comme cela fait maintenant deux saisons que je fréquente les stades de Ligue 1 en tant que quatrième arbitre, je suis familier des lieux. Mais l'accueil est tout autre quand je m'y rends dans le costume de numéro un. Désormais, je suis en première ligne et c'est moi qui devrai rendre compte de mes décisions. Des décisions qui seront scrutées et débattues par les acteurs et les journalistes. Jusque-là, si l'un de mes coups de sifflet était contesté, la rancœur dépassait rarement les limites de la ville concernée et l'on ne me houspillait que dans la presse régionale. Maintenant, c'est la France entière qui me clouera au pilori si je me plante dans un match important. L'aventure s'annonce passionnante, mais à n'en pas douter, il y a des coups à prendre.

Pourtant, je n'éprouve pas d'appréhension particulière. J'ai acquis ce statut de Fédéral 1 de haute lutte, alors ce n'est pas pour perdre mes moyens au moment crucial. Si l'on m'accorde cette confiance, c'est que j'ai démontré que j'avais le niveau. C'est à cette idée qu'il faut s'accrocher pour chasser les doutes qui pourraient sournoisement s'immiscer.

Pour avoir été témoin de la façon souvent cavalière dont sont traités les arbitres par les dirigeants, ma seule inquiétude concerne la façon dont je vais être reçu en tant que débutant. Tout le monde ne s'appelle pas Louis Nicollin et je m'attends à quelques tentatives d'intimidation. Une sorte de bizutage destiné à me faire comprendre qu'il s'agit de filer droit et de ne pas contrarier les gens importants. J'ai déjà vu à l'œuvre des spécimens tels que le président nancéen Jacques Rousselot. Le genre de type qui s'y entend pour marquer son territoire. Il va falloir faire front pour ne pas me faire dévorer tout cru par ces grands fauves.

À mon grand étonnement, c'est l'inverse qui se produit. L'accueil est bienveillant et l'on m'engueule plutôt moins que les aînés que j'ai accompagnés depuis deux ans. Comme si la règle était de faire preuve d'indulgence envers les néophytes. On aurait envie de croire à ces pensées charitables mais la réalité est plus complexe. D'abord troublé par tant d'aménité, j'ai vite compris qu'elle relevait au moins autant de la stratégie que de la bonté d'âme. Comme la rumeur me dit assez prometteur, il s'agit aussi de me ménager pour le cas où je deviendrais un ténor du sifflet. Un arbitre de premier plan est un personnage influent du football national et certains s'imaginent qu'il est préférable de ne pas se le mettre prématurément à dos. Dès lors que ceux-ci s'apercevront que leur délicatesse ne leur vaut aucun traitement de faveur de ma part, leur naturel vindicatif reviendra au triple galop. Je perds très vite toute illusion à ce sujet. Dès la fin de ma première saison, le son de cloche sera plus amer chez les mécontents : « Vous resterez pas longtemps en Ligue 1... » L'un des grands classiques du dirigeant rancunier. Eh bien c'est ce qu'on verra.

Même si je ne suis pas dupe de leur petit jeu, je savoure cet état de grâce. L'un des plus roués dans l'art d'amadouer les nouveaux venus est sans conteste Jean-Michel Aulas. On ne peut pourtant pas dire qu'il soit réputé pour sa clémence envers les hommes en noir ; mais il sait faire preuve de séduction. La première fois que je débarque dans son fief, il me sort le grand jeu : « C'est un très grand plaisir de vous accueillir au stade Gerland. Vous allez voir, tout va bien se passer ! On a besoin de nouvelles têtes. Vous êtes jeune et vous allez apporter votre dynamisme et un souffle nouveau sur la Ligue 1 ! » Il est très fort, le bougre. C'est sans aucun doute l'un des hommes les plus intelligents de ce milieu et il s'y entend pour séduire s'il pense pouvoir en tirer profit. C'est probablement un talent qu'il faut posséder si l'on veut aller loin, cette capacité à se mettre son interlocuteur dans la poche. Et lui la maîtrise à merveille. Toutefois, même si j'apprécie ses bonnes manières, je ne suis pas sous le charme au point de lui offrir l'arbitrage de ses rêves. Pour l'instant, ça ne le préoccupe pas plus que ça vu que je ne suis pas encore assez aguerri pour être désigné sur les grosses affiches du championnat. Mais ça viendra, et il aura l'occasion de nuancer son jugement sur mon dynamisme et mon souffle nouveau. J'aurai droit dans le futur à quelques sérénades moins avenantes.

De la part des joueurs, je subis moins de tentatives de drague. Ils sont moins stratèges que ceux qui les paient. Ce qui les intéresse, c'est surtout de me tester : avec mon pedigree encore modeste, est-ce que je parviendrai à faire preuve de suffisamment d'autorité ? Dans ce domaine, le plus impatient de découvrir mon style est Benoît Pedretti. Lui, il tient absolument à savoir ce qu'il peut se permettre et il me déballe tout son arsenal. Du début à la fin du match, il n'arrête pas. Une petite semelle discrète par-ci, un tirage de maillot par-là... Toujours conclu par un coup d'œil en ma direction pour voir si ça passe. Comme ça ne passe pas du tout, il en vient aux contestations. J'y ai droit à chaque coup de sifflet. Juste histoire de voir si je suis vigilant et strict sur le règlement. Comme il est assez intelligent pour doser, il finit le match avec seulement un jaune. Comme quoi, j'aurais dû être plus sévère. Sans aller jusqu'à employer les mots regrettables de l'ami Loulou à son égard, il faut admettre qu'il peut être irritant, l'ancien Sochalien.

Le stoppeur bordelais Marc Planus œuvre dans le même registre et me fait également passer une soirée difficile. Il est cependant un peu plus frontal que Pedretti. Lui, il aime mettre des coups et il faut le surveiller comme le lait sur le feu. Quand l'un de ses taquets échappe à ma vigilance, ça agace à juste titre celui qui l'a pris et lui donne l'opportunité de me rappeler mon passé récent : « On n'est plus en Ligue 2, monsieur l'arbitre, ça se siffle ça ! » Encore faut-il le voir ! Cela dit, avec Planus, on pourrait presque siffler en fermant les yeux à chaque duel tant il ne peut s'empêcher de les agrémenter d'un peu de violence gratuite. Mais ce n'est pas si simple et ces brutalités répétées sont une source de tension plus facile à gérer quand on a un peu de bouteille.

Les spécimens de ce genre, on les appréhende en amont, lors des briefings, à grands renforts de vidéo. Dans le football de haut niveau, l'arbitre ne peut pas être pris de court par une situation ou un comportement. C'est lorsque cela se produit qu'il peut avoir une réaction épidermique souvent inappropriée. Tous les cas de figure doivent être envisagés. On doit avoir une connaissance parfaite des spécificités des joueurs et des équipes pour anticiper les faits de jeu. C'est l'une des clefs fondamentales d'une prestation réussie.

Par exemple, sous l'ère Laurent Blanc, Bordeaux marque les trois quarts de ses buts sur coups de pied arrêtés. Par conséquent, les joueurs cherchent la faute dans les zones décisives et il faut être très attentif à ne pas leur accorder un coup franc en bois qui aura toutes les chances de finir au fond et de faire les gros titres.

À la même période, toujours sur coups de pied arrêtés, le Nancéen Sébastien Puygrenier place très régulièrement des coups de tête victorieux. Ses partenaires le recherchent donc systématiquement sur les corners et les coups francs et c'est sur lui que nous devons avoir un œil vigilant sur ces phases de jeu, à l'affût de tout tirage de maillot, ceinturage et autre ascenseur. Il y a neuf chances sur dix que le ballon atterrisse dans sa zone.

Avec le temps, ce travail de déchiffrage préalable se perfectionnera avec l'apparition de logiciels ultramodernes tels que Wyscout, I-Foot ou Foot Promedia. Des bases de données phénoménales regroupant quasiment tous les matchs de la planète. Ainsi, nous pourrons ingurgiter quantité d'images afin de décrypter la tactique de chacun et prendre les précautions qui en découlent. Si les attaques d'une équipe reposent énormément sur l'apport des latéraux, l'adversaire le sait aussi et cherchera à commettre des fautes tactiques loin des buts pour les bloquer. Alors ne pas hésiter à sortir la biscotte si ça se renouvelle trop souvent. Notre mission consiste également à favoriser l'expression offensive des uns et des autres.

Autre cas de figure : une équipe dont le point fort est son avant-centre, très rapide, que les milieux centraux ont tendance à chercher dans la profondeur par du jeu long. Là, c'est au juge de touche d'être sur le qui-vive. Quand le jeu se déroule à l'opposé du terrain, sa concentration peut ne pas être optimale. Et pourtant il faut qu'il se tienne prêt en permanence, car une ouverture peut être déclenchée de soixante-dix mètres et il s'agit pour lui d'être parfaitement aligné sur l'avant-dernier défenseur.

Finalement, notre travail s'apparente tout à fait à celui d'un coach décortiquant les caractéristiques de l'adversaire pour définir sa stratégie. À ceci près que nous avons deux équipes à disséquer, ce qui représente des heures d'un boulot minutieux, qui est donc loin de se borner aux quatre-vingt-dix minutes sur le terrain. Quatre-vingt-dix minutes qu'il faudra d'ailleurs visionner au calme grâce à la clef USB remise après le match au central et à l'observateur. L'occasion d'examiner notre propre performance et de corriger ce qui doit l'être.

Ce n'est pas un métier simple, et il nous confronte à foule d'individus retors. Heureusement, il y a aussi des joueurs qui vous rendent la vie plus facile. C'est le cas de Julien Féret, que je retrouve avec plaisir après l'avoir croisé sur plusieurs théâtres de Ligue 2. Un véritable artiste, malheureusement sous-estimé, qui incarne la classe et la finesse. Le soir de nos retrouvailles à Nancy, le match est à couteaux tirés et j'ai toutes les peines du monde à discipliner deux de ses coéquipiers. Deux jeunes chiens fous qui semblent déterminés à prendre leur douche avant tout le monde. En vertu de notre vague complicité d'anciens pensionnaires de l'étage inférieur, je demande au meneur de jeu d'intervenir auprès de ses fougueux collègues. Et ce, dans leur propre intérêt. Il s'exécute et les esprits s'apaisent. Pouvoir utiliser un joueur respecté comme intermédiaire pour dialoguer avec ses partenaires est un atout précieux. Surtout quand le joueur en question ne cherche pas à tirer avantage de cette relation privilégiée. Mais ces types-là sont rares.

Dans la catégorie des auxiliaires de luxe, on peut également citer l'inoxydable Benjamin Nivet, Daniel Congré ou le capitaine lillois Rio Mavuba, un garçon particulièrement charmant dont l'exemplarité déteint sur tous les acteurs. Réglo et souriant, ses interventions apaisent coéquipiers et adversaires. Un parfait diplomate qui désamorce bien des tensions. Un tel comportement est plus agréable pour tout le monde, et il est aussi payant. Notre objectivité étant fatalement soumise à d'inavouables prédilections affectives, il est bien évident que ces dernières pencheront plus vers un Rio Mavuba ou un Julien Féret que vers le braillard de service. Chose que beaucoup ont malheureusement du mal à comprendre. Tant pis pour eux.

Ceux qui se préoccupent le moins de l'(in-)expérience de l'arbitre, ce sont probablement les supporters. Eux nous insultent quoi qu'il arrive. Il faut leur reconnaître cette constance et cette volonté fort démocratique de nous mettre tous sur un pied d'égalité. Seuls les ultras les plus pointus se souviennent avec une précision revancharde de celui qui les a privés d'un penalty important et le maudissent avec un peu plus d'entrain. Sinon, nous appartenons tous à la même confrérie d'enculés, sans préjugés d'âge, de couleur ou de religion. On ne peut que saluer leur universalisme.

Pour autant, il est moyennement agréable d'entendre un stade vous pourrir de la sorte à l'unisson. La première fois, même si l'on y est préparé, ça surprend un peu. Mon dépucelage anal se produit à Rennes, lors d'un derby breton. Le kop local me fait subtilement comprendre que je favoriserais Lorient et mon oreille se dresse : « L'arbitre enculé... »

Je ne peux m'empêcher de penser à ma pauvre mère déjà traumatisée par les quolibets des spectateurs de district... Entendre l'équivalent d'une ville moyenne crier en chœur des choses pareilles à l'égard de son propre fils ! J'espère furtivement que mon père aura eu le réflexe de couper le son avant qu'elle ne saisisse les subtilités du refrain.

Quoi que l'on puisse penser de leur rapport à la poésie, ces foules exaltées ont le don de me transcender au même titre que les joueurs. La première fois que je pénètre dans le chaudron, à Geoffroy-Guichard, je prends une claque phénoménale. On perçoit ce grondement insensé depuis le couloir, avant même d'approcher la pelouse. Puis, on entre dans la lumière et la clameur envahit tout. On ressent les vibrations du public dans chaque fibre de son corps. C'est comme entrer dans une autre dimension. Je ne connais aucune sensation comparable à celle de se retrouver au cœur de cette arène où le peuple donne de la voix pour pousser les siens. Même si ces encouragements ne nous sont pas destinés, on entre en lévitation comme si l'on portait nous-même un maillot vert. Ça explique peut-être que les équipes bénéficiant de ce genre de soutien n'obtiennent pas forcément de meilleurs résultats à domicile que celles évoluant dans des ambiances plus feutrées. En vérité, l'envoûtement s'exerce aussi bien sur les visiteurs que sur les locaux. Ou sur l'arbitre que je suis.

Aussi fabuleux et impressionnant soit-il, ce climat n'a rien d'effrayant. Penser que l'on puisse prendre peur et favoriser Saint-Étienne pour s'attirer les bonnes grâces de ses tribunes est un leurre. Il est bien plus terrifiant d'arbitrer certains matchs amateurs où l'on est physiquement à la merci de quelques cinglés. Là, d'accord, on peut éprouver une trouille paralysante qui impacte les coups de sifflet. Mais à Geoffroy-Guichard comme au Vélodrome, nous sommes protégés par des hordes de stadiers et de CRS et la sécurité est sans failles. Le pire qui puisse nous arriver, c'est un envahissement de terrain, heureusement rarissime et toujours rapidement maîtrisé par les forces de l'ordre. Je ne crois pas qu'un seul arbitre français vive à l'heure actuelle dans la hantise d'un déséquilibré bondissant de son siège pour le poignarder.

Il en allait sans doute autrement il y a trente ou quarante ans. Des histoires circulent au sujet d'arbitres retenus prisonniers dans l'enceinte du stade pour échapper au lynchage. Y compris au plus haut niveau. Guy Roux, beaucoup moins passéiste que l'on pourrait le croire, n'est pas avare d'anecdotes de ce genre dignes de *À mort l'arbitre*, le film de Jean-Pierre Mocky avec Eddy Mitchell et Michel Serrault. Une ville entière rassemblée devant les grilles du stade pour réclamer la tête de celui qui lui a coûté la victoire... Et les flics eux-mêmes qui refusent d'assurer la sécurité du salaud ! Toutes sortes de légendes urbaines qui doivent bien contenir une part de vérité. On parle d'un temps où les caméras étaient plus rares et où les allumés de tout crin passaient plus facilement entre les mailles du filet judiciaire. Dans de tels contextes, je veux bien croire que certains de nos vaillants prédécesseurs aient eu la faiblesse de fléchir face à la pression populaire. Quand on comprend que l'on a plus de chances de rentrer chez soi vivant si les rouges gagnent, on peut être tenté de faire gagner les rouges. L'éthique est une chose, l'instinct de survie en est une autre.

Une époque heureusement révolue. Enfin, ça dépend des points de vue ! Il se trouve toujours des nostalgiques impénitents pour déplorer notre football moderne « aseptisé » et regretter le bon vieux temps où l'on savait s'amuser. Chacun son humour ! Personnellement, je ne vois pas d'inconvénient à pouvoir faire mon boulot sans risquer de finir à la morgue. Ce sont les mêmes qui dénoncent les mesures sécuritaires autour des matchs et les interdictions de déplacement de supporters. Évidemment qu'il est dommage de devoir en arriver là et que l'on préférerait boire une vraie bière à la buvette plutôt qu'un misérable ersatz sans alcool. Mais il ne faut pas perdre de vue que si l'on a dû durcir le ton, c'est parce que quelques-uns sont restés sur le carreau. Si on lâche trop la bride aux supporters, ça se termine à l'hôpital ou au cimetière. C'est la triste réalité. Les kops se distinguent rarement par leur mesure. Si c'est la discipline ou le cercueil, vous choisissez quoi ?

Pour ma part, le choix est vite fait. On a déjà suffisamment de problèmes avec les vociférations de René Girard et les saillies perfides de Pierre Ménès. S'il faut en plus rentrer chez soi en évitant les balles, la fonction finira par perdre en attrait.

Pourtant, elle n'en manque pas. Mes premiers pas sur les carrés verts de l'élite me mènent sur un nuage dont je ne suis pas près de descendre. Et encore, mon manque de vécu ne m'autorise toujours pas à tutoyer les rois. Je suis pour l'heure confiné à la lutte pour le maintien et aux affrontements du ventre mou. Seules quelques étoiles me passent furtivement devant les yeux quand Lyon, Monaco ou le PSG viennent éviter les pièges tendus au Roudourou ou à Furiani. Ça fait rêver, mais ce n'est pas la même chose que de les voir se défier les yeux dans les yeux devant les caméras de Canal le dimanche soir. Pour avoir ce privilège, il me faut encore grappiller quelques chevrons dans le bas du tableau et en Ligue 2. Cette bonne vieille Ligue 2 qui constitue encore une bonne partie de mon ordinaire.

À force de dompter des Pedretti et des Planus, de tenir tête à des Girard ou des Der Zakarian et de voir juste aussi souvent que possible, la timbale se rapproche à grands pas. Sauf accident industriel, la trajectoire d'un arbitre n'est pas vraiment aléatoire. Tout comme celle d'un joueur d'ailleurs. Les potentiels sont identifiés et l'évaluation constante au cours de l'année nous permet de savoir parfaitement nous situer dans la hiérarchie. Et lors de ma seconde saison en Ligue 1, ma place commence à devenir franchement enviable. De week-end en week-end, je vois de plus en plus d'internationaux et de moins en moins de copains de Ligue 2. Jusqu'au jour où je reçois le mail attendu. Ma convocation pour la prochaine journée de Ligue 1 dans une dizaine de jours. Ce sera un dimanche et je ne passerai pas la soirée devant la télé.

CHAPITRE 4
PRÈS DES ÉTOILES

Le match débute dans vingt minutes et je viens de vomir pour la troisième fois. Je sors des chiottes et vais me rincer la bouche et m'asperger le visage au large évier dont est pourvu notre luxueux vestiaire. Relevant la tête, le miroir me renvoie mon teint livide et mes lèvres qui tremblent. Ça, je ne l'avais pas vu venir. Le trac terrible au pire moment qui soit. J'essaie de me dominer et de reprendre le dessus mais rien n'y fait. La trouille me noue les tripes et je voudrais être n'importe où sauf ici. Au Parc des Princes à 20h40 un dimanche soir. Dieu sait que j'en ai pourtant rêvé, de ce match à la con... Depuis ma désignation, je ne touche plus terre. L'extase permanente. Puis il y a eu l'arrivée au stade. La vision de toutes ces caméras, de cette interminable procession de journalistes venus de partout... Le poids de l'événement qui s'est soudain abattu sur mes frêles épaules. L'angoisse qui s'est encore accentuée en allant reconnaître le terrain enfumé par les ultras. Tous ces objectifs autour de nous prêts à saisir ma moindre défaillance. Et je l'ai aperçu lui aussi, le joyau brésilien que le monde nous envie. Ça fait des mois que Ronaldinho ridiculise tout ce que le pays compte de défenseurs et que ces derniers ne rêvent que de lui casser une patte. Et c'est moi qui vais être en charge de sa sécurité. Au bord du malaise, j'ai abrégé la balade pour me réfugier dans le vestiaire. Maintenant, je dégueule, j'ai peur et je veux rentrer chez moi.

Assis sur l'un des confortables fauteuils aux armes du PSG qui occupent la pièce, mon assistant me tient des propos qui se veulent rassurants. « Arrête tes conneries, dit-il, on en a vu d'autres... » On en a vu d'autres, c'est vrai. Mais pas sur Canal à 21 heures un dimanche soir avec l'un des deux ou trois meilleurs joueurs du monde. Pas au Parc avec une vingtaine de caméras, Le Graët dans les tribunes et trois millions de téléspectateurs. La nostalgie m'accable d'un coup. Je veux retourner à Francis Le Basser pour un bon vieux Laval-Dijon. C'était drôlement bien, tout compte fait. J'ai péché par orgueil et je suis puni de mon ambition. Même prendre des boules de pétanque dans la gueule à Fécamp ce serait beaucoup mieux que d'agoniser ici devant la planète entière.

Tandis que je débloque devant mon miroir, l'heure tourne. Le délégué frappe à la porte, c'est le moment. Mon mal-être augmente encore d'un cran et j'hésite à partir en courant me cacher au fond d'un trou. Ou alors il me faudrait un grand verre de gnôle pour me donner un peu de courage. Mais ça ferait sûrement des histoires si j'arrivais saoul sur le terrain. J'envie soudain les artistes. Eux, ils ont le droit à des stimulants pour affronter la scène. Moi, je dois me contenter d'une poignée de raisins secs que j'attrape en passant dans une grande panière. C'est bon, les raisins secs, mais ça marche nettement moins bien que la coke pour dompter le stress. Sur les murs, il y a des photos des grands anciens. Je regarde le légendaire Robert Wurtz, le Nijinski du sifflet, et me demande s'il a connu ça lui aussi. La grosse pétoche d'avant-match. Pas impossible, en ces temps plus libertaires, d'imaginer les hommes en noir s'enquiller quelques coups de rouge avant une affiche angoissante. Les mauvais esprits diront que ça pourrait expliquer bien des choses. Peut-être qu'il avait un coup dans les carreaux, le vieux Robert, quand il s'est mis à supplier Guy Roux à genoux en ce même Parc des Princes pour qu'il la boucle.

Toujours est-il qu'aujourd'hui, c'est moi qui ai envie de prier en parcourant le couloir où patientent les joueurs. Prier surtout pour qu'il n'arrive rien à la tête d'affiche. J'observe avec appréhension les massifs défenseurs adverses. Ces sagouins-là seraient bien capables de me l'abîmer. J'entends d'ici les louanges s'il sort sur une civière... Ce bon à rien d'arbitre incapable de protéger les artistes ! Et ce sera de ma faute s'il souhaite quitter ce pays où on le matraque impunément... Je me promets d'ouvrir l'œil et de sévir envers quiconque menacera d'esquinter la merveille.

Une préoccupation qui devient obsessionnelle et me distrait à bon escient de ma crise d'angoisse. Se concentrer sur le boulot est le meilleur moyen de faire abstraction du contexte.

Je pourrais aussi m'inspirer de Ronnie et de sa décontraction. Il n'a pas l'air inquiet pour un sou, le prodige. Tous ces gens venus pour l'admirer, ce déferlement médiatique et ces attentes monstrueuses placées en lui semblent le laisser de marbre. Il rigole avec ses copains comme s'il se préparait à un cinq contre cinq à l'entraînement. Tout simplement heureux d'aller jouer au foot. Il vient clairement d'une autre galaxie et il serait vain d'essayer d'être aussi cool que lui. Mais sa bonne humeur a quelque chose de communicatif. Je perçois des ondes positives et ce n'est pas du luxe. Quand on est censé incarner l'autorité, on ne peut pas se permettre de se montrer fébrile.

Alors que je redoute l'entrée sur la pelouse, ce sont les ultras du kop Boulogne qui viennent à ma rescousse en faisant cramer une telle quantité de fumigènes que nous progressons dans un brouillard presque opaque. Alors que la présence des caméras me tétanisait, cette exposition retardée me rassure et j'en déduis que les dieux sont avec moi. Ils ont bien compris que j'avais besoin d'un petit sursis avant de me retrouver en pleine lumière. Le coup d'envoi est décalé de quelques minutes, le temps que la fumée s'estompe. Ça commence à aller mieux.

Un ultime frisson me parcourt l'échine lorsque je distingue dans la brume la frêle silhouette de Laurent Paganelli. On peut trouver amusant le sémillant intervieweur de Canal + quand il tente de parler espagnol ou anglais. Mais pour nous les arbitres, c'est une véritable plaie. Homme de terrain, il passe le match à rôder entre les bancs de touche et a la sale manie d'informer les coachs et les adjoints des erreurs d'arbitrage. Un genre de pyromane rigolard mettant régulièrement le feu dans la surface technique. Des camarades lui en ont fait la remarque sans qu'il ne change rien à sa regrettable façon de faire. Et ce soir, sur le banc parisien, c'est le volcanique Luis Fernandez qui sera à l'affût des confidences du mouchard. Autant dire que cette furtive apparition tombe à point nommé pour me remettre les nerfs en pelote avant le coup d'envoi.

Mais une fois celui-ci donné, la frousse s'envole pour de bon avec les premières foulées. L'action et la dépense d'énergie sont, somme toute, les meilleurs anxiolytiques qui soient. Comme souvent dans les matchs à enjeu, les deux équipes débutent prudemment. Je dois être celui qui court le plus des vingt-trois hommes présents sur la pelouse. Le seul que la gravité de la situation paraît ne pas atteindre, c'est évidemment l'imperturbable Ronaldinho. Je suis d'une implacable vigilance dès qu'il touche le ballon et en prends très vite plein les mirettes. J'ai dirigé quelques gros calibres depuis que j'officie en Ligue 1 mais jamais encore un extra-terrestre de cette catégorie. C'est indécent ce qu'il leur met... L'image même du gamin facétieux dans la cour de récréation. Passement de jambes, virgule, coup du sombrero... Il sort l'argenterie des grands soirs et le public du Parc rugit de plaisir à chaque tour de passe-passe. Moi-même, j'aurais vite fait de virer spectateur. C'est tellement beau de le voir à l'œuvre que je serais tenté d'oublier mon sifflet et de m'asseoir pour regarder. Profiter du pur privilège d'être aux premières loges pour admirer le phénomène.

Pourtant, c'est exactement ce qu'il ne faut pas faire. C'est la première fois que je suis confronté à ce péril de céder à la contemplation admirative d'un artiste. Mais ma mission est justement de lui permettre de poursuivre son récital sans qu'un indélicat lui fasse payer son génie. Depuis une demi-heure qu'il les martyrise, les rustres d'en face commencent à en avoir plein le dos d'être humiliés et durcissent le ton. Mais attention, pas touche à mon Ronnie ! Le premier qui se montre un peu trop méchant parce qu'un peu trop frustré, je sors la biscotte. Il s'agit d'envoyer un message clair. Le numéro dix brésilien est à manipuler avec précaution.

Ce traitement de choc m'affole beaucoup plus que lui. Là-dessus aussi il m'impressionne. Jamais il n'en rajoute et il cherche toujours à rester debout aussi longtemps que possible. Il ne réclame rien et ne montre aucun signe d'agacement suite aux coups qu'il reçoit. Comme s'il était dans la logique des choses que chacun lutte avec ses armes. Lui avec sa grâce et les autres avec leurs muscles. La très grande classe à tous les niveaux. Cette bonne volonté me pose d'ailleurs un souci car je ne sais pas toujours exactement quand siffler. À chaque fois qu'il part en dribbles, il subit un geste répréhensible. Mais il ne faut surtout pas intervenir trop tôt car son but est d'aller au bout de son action malgré les coups. Toutefois, il ne faut pas non plus donner aux défenseurs l'illusion d'un laxisme dont ils pourraient être tentés de profiter pour taper plus fort. C'est un équilibre subtil que j'acquiers au fil des minutes. Ne pas couper la star dans son élan en faisant bien comprendre aux adversaires qu'il ne s'agit pas d'un encouragement à le tronçonner en plein vol.

Le message est bien reçu et je tiens mon match. Le fait que Paris fasse cavalier seul me facilite sans doute la besogne. Le suspense est tué avant la mi-temps et même l'exubérant Fernandez se montre presque placide sur son banc. Je me méfiais de son tempérament avant cette première confrontation. Mais j'apprendrai à découvrir avec le temps un homme compréhensif et conscient des difficultés de notre tâche, et favorable en outre à tout ce qui peut nous la simplifier. Comme quoi il faut se garder de tout préjugé.

Les préjugés, c'est ce qui pose problème avec Fabrice Fiorèse. L'exacte antithèse de Ronaldinho dans le comportement. Et pour le reste aussi, ajouteront les moqueurs... Ce n'est pas un mauvais joueur à vrai dire, mais il faut reconnaître que l'effectif parisien est assez hétérogène. Enfin, ce n'est de toute façon pas son niveau technique qui me turlupine mais sa propension bien connue à confondre la surface de réparation avec une piscine. Dans ce domaine, il est absolument conforme à son « mythe ». Au moindre embryon de contact, il s'écroule. De façon grotesque la plupart du temps. Il a cependant le mérite de ne pas protester quand son grossier stratagème ne fonctionne pas. Peut-être par souci de ne pas aller trop loin dans la bouffonnerie. Il y a tout de même des joueurs qui gardent à l'esprit que les matchs sont filmés.

Les simulateurs illustrent bien le vieux conte *Pierre et le loup*. À force de réclamer en permanence, ils usent les patiences et on finit par les laisser se faire bouffer tout seuls dans les bois. Pourtant, de la même façon que les paranoïaques peuvent avoir des ennemis, les tricheurs subissent parfois des fautes. À nous donc de dominer nos *a priori* et de faire preuve de la même intransigeance pour eux que pour les autres. Mais il faut avoir le regard d'autant plus aiguisé que l'on ne peut se fier à la chute et qu'il faut absolument voir le contact. À l'inverse des mecs comme Ronaldinho dont on comprend vite qu'ils ne tomberont jamais sans raison. Ceux-là, on pourrait presque les arbitrer devant sa télé.

À ce propos, les millions d'observateurs massés derrière leurs écrans n'auront rien à me reprocher ce soir. Si je m'étais planté, ce diable de Paganelli se serait évidemment chargé d'en avertir le staff floué et le scandale me serait revenu aux oreilles. Le match terminé, je le vois à l'entrée du tunnel qui attend le héros du jour, fin prêt pour faire le clown en ânonnant quelques bribes de portugais. Ça fera sûrement bien rire le joyeux Ronnie et c'est encore dans ce rôle que Paga nous porte le moins préjudice.

Dans le vestiaire, la tension retombe et le soulagement est considérable. On se congratule longuement avec les copains, conscients d'avoir réussi un gros test. Comme pour une équipe, on ressent la liesse des soirs de grande victoire qui soude les troupes. D'ailleurs, nous formons de plus en plus une équipe avec mes deux assistants. À mesure que je prends de l'épaisseur en Ligue 1, j'impose plus facilement à mes côtés les deux juges de touche avec lesquels la complicité est la plus naturelle sur le terrain comme en dehors. Ce triomphe dominical devrait asseoir pour de bon la pérennité de notre trio.

En y repensant par la suite, je réaliserai la chance qui fut la mienne d'avoir affaire à Ronaldinho pour cette étape charnière. Quand le joueur qui attire tous les projecteurs se trouve être un gentleman, vous avez de bonnes chances de vivre une partie sereine. En revanche, si c'est un petit con ou un mec distant et arrogant, c'est une toute autre histoire. Dans l'état de nervosité qui était le mien avant le coup d'envoi, j'aurais facilement pu être déstabilisé face à un tel spécimen et perdre le duel psychologique qui détermine la suite des événements.

Si j'avais eu quelques années de moins, lors de mon premier grand match au Parc, c'est Ibrahimovic qui se serait trouvé à la place de Ronaldinho. Une toute autre paire de manches. Zlatan, je suis bien content de ne croiser sa route que plus tard, une fois devenu arbitre international. Ces joueurs-là sont parfaitement au courant de notre statut et adaptent leur conduite en conséquence. S'ils vous ont vu dans la semaine en Ligue des Champions, vous faites partie du clan et ils vous respectent. Dans le cas contraire, ils n'hésiteront pas une seconde à jouer de leur aura pour vous dominer. Ils imposent un rapport de force et il faut se montrer sacrément costaud pour le soutenir face à quelqu'un comme Ibra. Les collègues néophytes doivent affronter sa morgue et son mépris. Le défi est de ne pas céder mentalement. Il faut au moins donner l'illusion d'être le seul maître à bord face à un géant de deux mètres qui vous considère comme un clochard. Pas simple. Même quand il prend un carton, il met un point d'honneur à ne pas se déplacer auprès de l'arbitre pour le recevoir comme le règlement l'y oblige pourtant. Toujours soucieux d'imposer son image du dieu Zlatan au-dessus de tout et de tous et, accessoirement, au-dessus des lois. Mon estimé comparse Philippe Kalt était parvenu à avoir le dernier mot en lui intimant de venir prendre son carton jaune à ses pieds. Après moult simagrées, le Suédois avait fini par se plier à l'injonction et le combat était gagné pour Philippe. D'autant qu'Ibra est le chef de meute et que toute l'équipe se tient à peu près à carreau une fois qu'on a gagné son respect. C'est un vrai challenge et un affrontement stimulant, un peu comme tenter de maîtriser un pur-sang en tenant ferme sa bride. Mais on peut aussi y laisser des plumes si on le laisse se sentir intouchable. En cas de faillite, les observateurs seront impitoyables. D'un autre côté, si on se montre trop ferme et qu'on finit par le mettre dehors, il nous sera reproché de priver le championnat de son plus beau fleuron. Lui est conscient de cette contrainte et il en joue. Si bien que l'on marche toujours sur une corde raide.

Je dois m'habituer à cette approche particulière qu'exigent les joueurs de premier plan maintenant que j'ai fait mes preuves et que le haut du tableau va devenir ma résidence principale. Penser que l'on puisse les arbitrer comme n'importe quel footeux lambda est évidemment un leurre. Ce sont eux qui amènent les droits télé et le public dans les stades. On est bien obligé de prendre cette dimension en compte. Indirectement, ils paient aussi nos salaires. La Ligue 1 ne regorgeant pas de stars internationales, il faut en prendre d'autant plus soin. Si l'un de ces intouchables se plaint de la rudesse des défenseurs ou de notre sévérité excessive, les instances comme la presse ne se priveront pas de nous remonter les bretelles. On se sentirait presque comme des hôtesses chargées de leur faire passer un agréable moment en notre beau pays. Un rôle qui s'accorde mal avec l'autorité qu'exige la fonction.

Fort heureusement, toutes les célébrités ne sont pas des divas. Ibrahimovic serait presque plus l'exception que la norme dans cette catégorie restreinte. Un garçon comme Radamel Falcao est absolument délicieux. Un modèle de bonne éducation et un leader exemplaire pour ses coéquipiers. Quand un joueur doté d'un tel charisme indique la bonne marche à suivre, tout le monde se met au diapason et le match se déroule sans accroc. De la même façon que l'attitude d'Ibra encourage tous les Parisiens à l'imiter pour notre plus grand malheur. Plus le joueur est célèbre, plus le mimétisme sera fort chez ses partenaires. Il n'y a qu'à voir l'évolution de Kylian Mbappé depuis qu'il évolue avec Neymar. En quelques semaines, le gendre idéal s'est transformé en starlette suffisante et son jeu s'en est également ressenti en devenant plus individualiste. Certes, à son jeune âge, il est logique que la médiatisation à outrance lui soit montée à la tête et ça lui passera sans doute, vu que c'est un gamin intelligent. Mais aurait-il évolué de la même manière s'il avait toujours Falcao comme capitaine ? Rien n'est moins sûr. La jeunesse, même brillante, est souvent influençable.

Pour corriger le tir, Mbappé pourra toujours s'inspirer de son capitaine en équipe de France.

Après l'avoir quelquefois dirigé lorsqu'il était à Nice, je retrouve plus fréquemment Hugo Lloris, devenu gardien de l'Olympique lyonnais. Là-bas aussi, il porte le brassard, et il est devenu le numéro un français à son poste. Mais lui, ça ne l'affecte pas du tout. C'est l'anti-star par excellence, parfaitement étranger à tout ce qui est bling-bling. Un gars simple et poli qui a toujours un mot sympa du style : « C'est un plaisir de vous revoir ». Tout comme son coéquipier de l'époque Jérémy Toulalan. Il râle un petit peu plus sur le terrain mais n'est jamais véhément. En vrai passionné qui suit le foot de très près, il lui arrive de me dire avant un match : « Je vous ai vu en coupe d'Europe cette semaine. Félicitations, vous avez fait un gros match. » Fatalement, ce genre de rapports pose les bases d'une bonne atmosphère. Bien sûr, Toulalan et Lloris n'ont pas l'aura de rock star d'un Zlatan ou d'un Neymar. Ça ne les intéresse d'ailleurs pas. Mais ce sont de grands professionnels internationaux reconnus à l'étranger. Ce sont souvent ces mecs-là qui nous créent le moins de problèmes. À moins d'être béni des dieux, il faut être plutôt intelligent pour accomplir un tel parcours et, surtout, durer. Ce qui explique bien des choses.

Par contraste, les pires emmerdeurs se trouvent parmi les demi-vedettes. Les petits prodiges auxquels on a fait croire beaucoup trop tôt qu'ils étaient arrivés et qui se comportent dès lors en marmots capricieux. Le cas Hatem Ben Arfa est sans doute le plus symptomatique. Il peut pourtant me subjuguer lui aussi quand il est dans un bon jour. Dans la finesse et la vitesse d'exécution, il n'est pas loin de boxer dans la même catégorie que Ronaldinho. La première fois que je le vois à l'œuvre, il a dix-sept ans et je pense assister aux prémices de quelque chose d'immense. Ballon d'Or potentiel sans aucun doute. Puis, passés les premiers coups d'éclat, l'autre facette du personnage se fait jour. Une pleureuse infernale qui passe son temps à réclamer et à gueuler. S'il perd un ballon, ça ne peut de toute façon pas être de sa faute. Même ses coéquipiers en prennent plein la gueule et sont excédés. Le vrai gamin pourri gâté qui chouine quand il n'a pas ce qu'il veut. Drame de la starification précoce sur un caractère fragile. D'emblée, à le voir manquer à ce point de volonté et de tempérament, incapable de se remettre en question, je me doute que la suite risque d'être moins rose que prévu. Là où Ronaldinho ne comptait que sur lui pour aller au bout, faisant abstraction du contexte et des tacles adverses, Ben Arfa pleurniche sans fin et exige la gloire sur un plateau d'argent. Le propre d'une promesse qui restera à l'état de promesse.

La formation lyonnaise, remarquable d'une façon générale, devrait peut-être se préoccuper davantage de la mentalité des joueurs qu'elle façonne. Car, quelques années après Ben Arfa, c'est un autre fléau qui éclot en son sein. Moins vulnérable que son prédécesseur et donc encore plus exaspérant, Nabil Fekir propulse le concept de sale gosse vers de nouveaux sommets. La première chose qui me frappe quand je le découvre est sa démarche révélatrice. Le torse outrancièrement bombé, on devine le type que la terre peine à porter. Ça ne se démentira pas et tout le reste est à l'avenant. Sa manière pleine de dédain de s'adresser à moi, notamment. Enfin, quand il daigne le faire... C'est-à-dire pour quémander une faute ou nier éhontément celle qu'il vient de commettre sous mes yeux. Sans parler de ce qu'il persifle entre ses dents trop bas pour que je puisse l'entendre. Pas certain que ce soit des compliments, ni que ma mère en sorte grandie... Mais je ne peux rien faire puisque c'est inaudible. L'attitude typiquement insupportable qui met mes pauvres nerfs à l'épreuve. Comme c'est, par ailleurs, un super joueur, il gagne rapidement en notoriété, ce qui ne fait qu'aggraver son épouvantable nature. Toutefois, je crains pour lui que cet état d'esprit ne lui ferme les portes du très haut niveau auquel il pourrait légitimement prétendre sur la base de son immense talent.

Rusé comme il l'est, on pourrait presque imaginer que ce soit une stratégie de Jean-Michel Aulas pour garder ses pépites dans son giron en limitant les convoitises. Cela dit, il ne crache pas non plus sur les plus-values réalisées sur les meilleurs élèves de son académie. Il n'oublie d'ailleurs pas de nous rappeler de préserver Fekir et ses copains quand arrive un Euro ou un Mondial et qu'il mise sur leur exposition en bleu lors d'une grande compétition pour voir leur valeur exploser.

Mes rapports ont bien changé avec Aulas depuis que je suis devenu un arbitre de premier plan et que mes décisions impactent les rencontres décisives. Fini le ton paternaliste de notre première entrevue. Les échanges sont désormais plus crispés et il s'efforce de peser de tout son poids. Avant un match crucial pour la troisième place qualificative pour la Ligue des Champions, je le rencontre dans les couloirs du Parc OL et il m'interpelle : « N'oubliez pas que vous arbitrez un match à vingt millions d'euros ! » Je me contente de sourire en retour, sachant bien que ce n'est que le début du florilège. À l'image d'un joueur ultra-motivé, il donne tout dans ces occasions-là. Tout ce qui, à ses yeux, peut faire pencher la balance de son côté. Tout, jusqu'à l'excès. Comme haranguer un arbitre téléphone en main pour lui montrer son erreur ou refuser de serrer la main d'un autre dont la prestation lui a déplu. Ce sont les débordements de la passion et de la rage de vaincre. On peut les comprendre et les pardonner, mais il faut surtout savoir s'y montrer imperméable.

Les tentatives d'influence présidentielles font partie d'un contexte global préalable aux grands rendez-vous que l'on apprend à gérer psychologiquement avec le temps. On sait que Pascal Garibian, le directeur technique de l'arbitrage (DTA), et Bertrand Layec, le directeur technique adjoint, seront dans les tribunes. Dans les journaux et les émissions spécialisés, on ne parle que de ça. Ce qui donne un avant-goût du retentissement en cas de ratage toujours possible. Il y a matière à cogiter. Raison pour laquelle il n'est pas rare que ces grosses affiches soient précédées d'une préparation spécifique à Clairefontaine. Que ce soient les sommets du championnat ou les finales de coupe. Un ou deux jours de mise au vert afin d'être dans sa bulle et de mettre en place une approche spécifique. Ainsi retiré du monde, si l'on ne s'encombre pas trop de radio et de télévision, on peut prendre du recul et appréhender l'événement plus sereinement.

En revanche, le jour J, l'entrée dans la fosse aux lions n'en est que plus brutale. Aulas n'a hélas pas le monopole de la chienlit et l'on doit subir les mises en condition des uns et des autres. Toutefois, autant couper court d'emblée à d'éventuels fantasmes. Les années Tapie sont bel et bien révolues et il ne s'agit que de préliminaires licites... Jamais je n'ai entendu la moindre allusion à des histoires de mallette, d'enveloppe ou de montre de luxe pour assouplir un arbitre dans le football français du vingt et unième siècle. On peine néanmoins à croire que l'humanité ait accompli un bond qualitatif majeur depuis ces heures sombres. L'explication réside plutôt dans la transparence grandissante de l'information qui rend improbable que de telles pratiques passent aujourd'hui inaperçues. Les réseaux sociaux et l'examen désormais minutieux de chaque match disputé constituent probablement les principaux remparts contre la corruption. Ainsi que l'apocalypse marseillaise post-OM-VA qui a dû décourager bien des velléités truandières. Comme quoi la sévérité a parfois des vertus.

Contraints, par conséquent, d'œuvrer de manière honnête, les dirigeants doivent faire preuve d'imagination pour se donner l'illusion d'avoir une emprise sur nos sentences. Et c'est justement à Marseille que l'on se montre le plus créatif. Si Pape Diouf était d'un calme pour le coup olympien et d'une courtoisie incomparable, les choses se sont corsées avec l'un de ses successeurs. Vincent Labrune doit avoir un peu de temps libre car il prend la peine d'échafauder des statistiques élaborées qu'il aime à venir brandir sous notre nez pour nous rappeler notre injustice constante envers son club : « Vous voyez, ça fait quatre ans que vous ne nous avez pas sifflé un péno ! » ou encore « Avec vous, on est à une victoire en cinq matchs cette saison ! » Et donc ? Que voulez-vous répondre à ça ? Si je suis bien disposé, je lui rappelle une victoire marseillaise heureuse sous ma direction que l'on m'a reprochée par ailleurs. Sinon, je me contente de l'envoyer au diable avec ses calculs d'apprenti-mathématicien. Poliment, bien entendu.

J'ignore si ces braves gens pensent réellement que leurs gesticulations peuvent avoir une quelconque incidence sur notre travail. Peut-être est-ce simplement une manière de se rassurer en se persuadant d'avoir fait tout leur possible pour que le sort leur soit favorable. Ce sont des postes où les responsabilités sont démentielles. Vis-à-vis du public comme envers les actionnaires. Cela explique sûrement en grande partie ce déploiement d'énergie hautement stérile, souvent irrationnel et même parfois ridicule.

Paradoxalement, ce sont ceux qui ont à rendre les comptes les plus considérables qui nous foutent une paix royale. Le Parisien Nasser Al-Khelaïfi comme son homologue monégasque Vadim Vasilyev feraient presque office de fantômes. On ne les voit absolument jamais. À la rigueur, on pourrait presque leur reprocher un manque de correction puisqu'ils ne prennent même pas la peine de venir nous saluer. Mais à tout prendre, cette lointaine indifférence est plus confortable que les jérémiades coutumières. Il faut dire que ni l'un ni l'autre ne sont français et qu'ils ne viennent pas du monde du foot. Ils ressentent peut-être un complexe de légitimité à l'idée de venir discutailler un coup franc dans ce territoire étranger à double titre. Ou alors ils sont soucieux de rester au-dessus de la mêlée et de ne pas s'abaisser à ces procédés vulgaires. Dans un cas comme dans l'autre, qu'ils ne changent surtout rien !

Quoi qu'il arrive, on est débarrassé de l'engeance présidentielle quand vient l'heure du terrain. À l'orée de ces moments clefs, les joueurs sont plus fermés et distants que d'habitude. La concentration est de rigueur et il est assez rare de les voir déconner les uns avec les autres. Surtout à notre époque où toutes les images sont décortiquées. Si un type fait un match minable et que sort peu après sur internet une vidéo où on le voit se marrer avant d'entrer en jeu, ça peut être l'origine d'une controverse. Les supporters l'accuseront de se foutre du maillot et il aura droit à toutes sortes de joyeusetés allant de la bronca aux menaces diverses. Dans certains clubs, ces broutilles peuvent aller loin. Si bien qu'il faut soigner sa communication visuelle et se montrer impassible même si l'on préférerait rigoler un peu pour évacuer la pression.

Cette retenue perdure généralement après le coup d'envoi. La peur de mal faire dans un match ultra-médiatisé tend à paralyser les acteurs pendant les premières minutes. Si ça tourne mal, la pression est telle qu'ils peuvent facilement devenir nerveux. Dans ce cas, il nous appartient aussi de les canaliser pour leur éviter de commettre l'irréparable avec toutes les conséquences que ça implique pour la suite de la partie. Ainsi, lors d'un match au Vélodrome, Florian Thauvin est pris en grippe par le public. À chaque fois qu'il touche le ballon, des huées descendent des tribunes et je vois bien qu'il est proche de craquer. Alors je fais en sorte de le calmer : « Ne faites pas attention, monsieur Thauvin. Répondez uniquement sur le terrain. Ça fait partie du jeu. » Si, à bout de nerfs, il se permet un geste déplacé envers le public, je vais être obligé de le sortir et ça va encore aggraver le climat. Ce n'est pas uniquement par philanthropie que je veille à ce qu'il ne réagisse pas pour ne pas devoir lui mettre un rouge. Il s'agit surtout d'éviter que ça ne dégénère. Et puis il faut penser à Labrune, qui devrait mettre ses statistiques à jour ! Tout ça pour venir me gonfler avec le nombre de Marseillais que j'ai expulsés depuis le début de ma carrière lors de ma prochaine visite...

C'est surtout sur les bancs que ça bouillonne dans ces matchs-là. Les entraîneurs jouent souvent encore plus gros que les joueurs et les dirigeants. C'est parfois leur tête qui est en jeu. Même un homme aussi pondéré que Didier Deschamps peut perdre son sang-froid si ça ne se passe pas comme il veut. Il est assez râleur en temps normal, mais il peut dégoupiller de façon spectaculaire en cas de contrariété majeure.

Toutefois, ça reste rare, et surtout assez inoffensif en comparaison de Rudi Garcia. Garcia, c'est la synthèse de tous nos cauchemars. Il n'arrête jamais. Et plus sa carrière a pris de l'ampleur, plus il est devenu insupportable. C'est un peu le Nabil Fekir du banc de touche. Constamment occupé à critiquer et à récriminer. On l'a même vu un jour à Lille courir vers l'arbitre assistant en plein match armé de son portable pour lui démontrer une erreur. Le degré zéro de la compréhension et de la pédagogie. C'est avec un soulagement certain qu'on l'a vu partir en Italie, mais il est revenu. Heureusement, son arrivée à Marseille a coïncidé avec le départ de Labrune. Les deux réunis, ça aurait fait trop pour un seul homme en noir.

S'ils sont nombreux à nous mener la vie dure, il faut saluer les quelques cas de rédemption qui donnent foi en l'avenir. Antoine Kombouaré est un exemple emblématique. Braillard horripilant du temps où il entraînait le PSG, son passage à Lens l'a métamorphosé. De deux choses l'une, soit la pression permanente de la capitale lui tapait sur les nerfs, soit il a fini par comprendre que tout ce cinéma ne servait à rien, sinon nuire à son cœur et au nôtre. En tous les cas, il est revenu complètement assagi de son escapade nordiste pour notre plus grand bonheur. Preuve qu'il n'est jamais trop tard pour bien faire. Même si l'on n'est pas à l'abri de petites rechutes épisodiques...

Enfin, reste le club ultra-sélect des grands seigneurs. Ceux auxquels on peut refuser trois buts valables sans qu'ils se départissent d'une classe hors concours. À des années-lumière de tous les affligeants sanglots de leurs confrères, ils savent prendre sur eux la responsabilité d'une défaite sans chercher d'excuses. Tout sauf cinglé quand il s'agit du corps arbitral, « El Loco » Marcelo Bielsa a depuis toujours érigé en principe de ne jamais faire de commentaire sur nos décisions. Que ce soit avant, après ou pendant les matchs. Alors il peut bien faire jouer ses récupérateurs ailiers gauche ou ses stoppeurs meneurs de jeu, il aura notre gratitude éternelle pour son élégante indulgence. Au même titre que Laurent Blanc qui a d'ailleurs participé à une campagne de La Poste pour les Journées de l'arbitrage en tant qu'ambassadeur. Lui non plus ne se cache jamais derrière nos sifflets et nos drapeaux pour justifier un échec. Le Président surplombe cette médiocrité et mes collègues et moi lui en savons gré.

Blanc, Bielsa : les aristocrates sont peu nombreux. Faut-il pour autant excommunier les autres, tous les autres ? Bien sûr que non, et je comprends, en tant qu'arbitre, les Labrune, les Aulas, les Garcia et les Ben Arfa. Nous sommes sur le même bateau ivre voguant sur des flots agités qu'est le football de haut niveau. Les exigences et les émotions atteignent un tel niveau d'intensité que l'on peut concevoir que certains deviennent fous. On a toujours plus de mansuétude pour le crime passionnel que pour le meurtre de sang-froid.

Le plus dur à supporter, quand on arbitre à ce niveau, ce n'est pas la dinguerie qui entoure l'aire de jeu mais bien l'acrimonie des salles de rédaction. Après une toile dans un match capital, je redoute toujours moins le coup de gueule du président concerné que le papier de Raphaël Raymond dans *L'Équipe* le lundi matin. J'évite du coup d'acheter le journal et préfère écouter de la musique en voiture plutôt que RMC. Mais nous y reviendrons plus longuement.

Malgré les coups de griffe médiatiques, je me plais tout de même bien sur le toit de la Ligue 1. Et lorsque j'en redescends, c'est pour constater que ma vie n'est plus tout à fait la même.

CHAPITRE 5
LA VIE HORS JEU

Sans aller jusqu'au grand saut du gamin brésilien sorti de sa favela et devenu millionnaire à vingt ans, je change clairement de statut social maintenant que je suis bien installé en Ligue 1. L'argent qui afflue brutalement change radicalement votre vie, que vous le vouliez ou non. Pour ma part, je suis issu de la classe moyenne. Ni riche, ni pauvre. La France périphérique des pavillons sans prétention. Je ne me suis pas lancé dans l'arbitrage dans l'idée de faire fortune et je n'étais pas destiné à avoir des revenus de cadre supérieur à la petite trentaine. Il n'y a que lorsque je suis passé Fédéral que j'ai pris conscience que ça pouvait être une activité lucrative. Avant, ça agrémentait un peu l'ordinaire, mais sans bouleverser mon quotidien. Juste de quoi m'acheter une belle paire de godasses de temps en temps, aller au resto et mettre de côté pour partir en vacances. Je n'avais clairement rien d'un gagnant du loto.

Maintenant, j'arbitre en moyenne deux fois par mois en Ligue 1 pour près de 3000 euros et une fois en Ligue 2 pour un peu plus de 1500 euros. Ce à quoi s'ajoute, en tant que Fédéral 1-Élite, un fixe mensuel de 6287 euros brut destiné à couvrir les non-désignations en cas de maladie ou de blessure. Si vous faites le calcul, on avoisine les 15 000 balles par mois. Sachant que j'ai toujours mon salaire à La Poste. Même s'il est de plus en plus souvent amputé de congés sans solde et qu'il fait office d'argent de poche en comparaison.

Pour un type de mon milieu, ça ressemble comme deux gouttes d'eau à la fortune. Si je n'avais pas eu le démon du sifflet, jamais je n'aurais pu envisager de toucher des montants pareils. Mon destin était de gravir tranquillement quelques échelons à La Poste pour finir à la retraite avec le quart de ce que je gagne actuellement et, dans le meilleur des cas, les traites de la maison payées. Changement de programme.

Quand on ne vient pas d'un univers d'argent, on ne sait pas trop quoi en faire quand ça nous tombe dessus. On tâtonne. Bien sûr, il y a les petits plaisirs évidents qui n'exigent pas de trop se creuser la tête. Les bonnes tables, pour commencer. Au gré de nos pérégrinations à travers le pays, j'apprends peu à peu la gastronomie. J'écoute les conseils avisés de gens comme Loulou Nicollin. Dans les loges, après les matchs, on rencontre tous les notables locaux qui nous orientent volontiers vers les meilleures adresses du secteur. Alors, avec mes gars qui sont eux aussi d'extraction modeste, on part à la découverte de ces territoires inconnus. C'est devenu l'un de nos rituels incontournables d'aller se taper la cloche dans les beaux quartiers après nos prouesses. Ces endroits où l'on vous accueille très gentiment et où il ne faut pas parler trop fort. On y déguste des mets délicats jusqu'ici ignorés de nos palais populaires. La sole Albert, la poularde de Bresse, le homard bleu... Le tout, ça va sans dire, arrosé du pinard *ad hoc*. Très vite, les grands crus bourguignons et bordelais n'ont plus de secrets pour nous. Après tout, qu'un arbitre ait le goût du rouge est dans l'ordre naturel des choses, non ? Pour peu que le directeur de la cambuse soit un peu porté sur le ballon, on se fait facilement offrir quelques tournées de cognac de la réserve spéciale pour conclure le festin. Et il n'est pas rare que l'on quitte le terrain en boitant bas... Voire que la civière soit de rigueur.

Mais il faut manger pour vivre et non vivre pour manger, comme dit l'adage. Toutes ces promenades dans l'hexagone me donnent envie d'horizons plus lointains. Un avant-goût du statut d'international que je convoite. Lors de mes rares vacances, je prends l'habitude de gambader hors des frontières. Après quelques périples européens, je commence à voir plus large et découvre le Mexique et Cuba. L'inconvénient, c'est que je suis encombré de ma copine pour ces séjours d'agrément et ne peux pas profiter à fond du dépaysement... Je vais bientôt découvrir que la meilleure façon de voyager, c'est avec ses copains et un sifflet autour du cou. Pour l'heure, je dois me contenter d'un exotisme de carte postale. Mais je reviendrai...

Pour apaiser cette frustration, je peux me défouler au volant de mon Audi S3. Ça, c'est mon vrai caprice. Une bagnole que ne renieraient pas ceux que j'arbitre chaque week-end. À ceci près que j'achète la mienne d'occasion. Je suis quand même encore très loin des 45 000 euros de salaire moyen d'un joueur de Ligue 1. Eux-mêmes n'achètent d'ailleurs pas que des voitures neuves puisqu'ils se les revendent souvent entre eux. J'assiste régulièrement à leurs tractations autour du terrain. Bien souvent, le jeune du centre de formation qui signe son premier contrat pro récupère le bolide de celui qui s'envole vers d'autres cieux avec un nouveau statut. C'est un marqueur fort de hiérarchie dans le vestiaire. Ce qui n'est pas le cas chez les arbitres. La discrétion serait plutôt la règle. Mon nouveau joujou, ce n'est pas le genre d'acquisition dont je vais me vanter auprès des collègues. Je pourrais m'attirer des sarcasmes.

Notre corporation n'est pas très flambeuse, d'une façon générale. Moi-même, en dehors de ce rêve de gosse, je ne fais pas dans le signe extérieur de richesse ni dans l'ostentatoire. Le bling bling ne colle pas avec le statut d'arbitre. Autorité rime avec austérité. Et puis, la montre Cartier au poignet à la sortie du stade, ça peut faire jaser. Raviver les souvenirs pas totalement enfouis de Nanard et de ses offrandes sur le Phocéa... On préfère rester soft niveau dégaine. D'autant qu'on est quasiment des pauvres dans le milieu du foot. On peut toujours frimer auprès de nos voisins, mais on relativise très vite quand arrive le samedi... Quand on côtoie Ibrahimovic ou Falcao, on reste modestes avec nos 15 000 balles. Sur l'échelle sociale du foot professionnel, on est juste au-dessus du stadier et de la nana qui vend les frites. En tout cas aux yeux des joueurs. Un officiel qui paraderait avec une Porsche en public se ferait très vite reprendre de volée par Le Graët et Garibian. Et à juste titre. On n'a pas vocation à être des stars et à se faire remarquer. Mon petit bijou, il me sert à sillonner mon jardin secret. Pour aller à Clairefontaine, j'ai une guimbarde moins tapageuse. Mais enfin, à quoi bon gagner de l'argent si on ne se fait pas plaisir un minimum ? Le tout est de savoir rester à sa place.

Comme les copains, j'investis quand même principalement dans du sérieux. On a beau avoir une carrière plus longue que les footeux, elle n'est pas assez rémunératrice pour nous mettre à l'abri jusqu'à la tombe. Il s'agit d'assurer nos arrières. Certains d'entre nous travaillent dans des banques et des compagnies d'assurance et aiguillent les autres sur des placements financiers fiables. On compte peu de boursicoteurs intrépides dans nos rangs. L'arbitre aime la sécurité. On fait beaucoup dans la pierre aussi. La valeur refuge ultime. C'est aussi ce que je me dis en mettant la main sur quelques appartements dont les loyers tombent régulièrement et me permettent de dormir sur mes deux oreilles. Comme tout sportif, on n'est pas à l'abri du bobo fatal qui met un terme à la fête. Mieux vaut garder ce risque à l'esprit et prévoir un bon filet de sécurité. Le retour à la case précarité serait trop douloureux maintenant que j'ai goûté aux plaisirs de la haute.

Je fais mes cartons mais reste encore une fois raisonnable en optant pour une grande maison dans la ville où j'ai grandi. Un saut de puce, mais dans un quartier résidentiel un peu plus chic. L'homme en noir est plutôt enraciné. On ne voit quasiment aucun de nous céder à la folie des grandeurs géographique et s'installer à Neuilly ou Saint-Germain-des-Prés. On reste attaché à nos provinces où le lien est souvent fort avec notre club d'origine. Club auquel on demeure affilié, du reste. C'est une vie de vagabondage incessant qui encourage peut-être aussi à garder un port d'attache bien identifié. Tout le monde a besoin de repères. Sur ce plan, l'arbitre est fidèle. Pour le reste, comme tout homme qui se déplace beaucoup, il fait ce qu'il peut...

Ce sera le déménagement de la discorde avec celle que je fréquente depuis l'adolescence. Le malentendu fatidique quand elle comprend que je ne l'envisage pas vraiment dans le tableau. Entre mes meubles Ikea et mes trophées d'arbitre méritant. Depuis que je suis passé du Buffalo Grill aux auberges étoilées, j'aspire à la même évolution question gonzesses. En dépit de toutes ses qualités, elle m'affole nettement moins les sens depuis que j'ai entrevu le haut du panier. Et pas qu'entrevu d'ailleurs... Ces créatures invraisemblables gaulées comme dans un rêve qui abondent dans les loges et dans les boîtes select auxquelles j'ai désormais accès. Je dois franchir une dernière barricade de larmes et de reproches pour en jouir en toute bonne conscience.

À cela près, mon environnement reste le même. Dans ma petite ville, passer d'un quartier à un autre n'implique pas d'énormes chambardements. Mêmes copains, mêmes commerçants et mêmes repas de famille dominicaux. Avec mes potes d'enfance, je ressens tout de même une évolution. À mon corps défendant, je deviens régulièrement le centre des conversations alors que j'ai toujours été plutôt en retrait par le passé. Je ne cherche surtout pas à me mettre en avant mais on me questionne invariablement sur ces grands noms que je réprimande chaque semaine.

On me réclame des anecdotes sur tel ou tel joueur, selon les affinités de chacun. « Et Valbuena, il est comment ? », « Il est vraiment aussi con qu'il en a l'air Ribéry ? », « Tu crois que tu pourrais avoir le maillot de Gourcuff ? » Ça, ça va être compliqué. Pour le reste, j'essaie de satisfaire leur curiosité autant que possible. Ce n'est pas si déplaisant, ces marques d'intérêt. Et puis ils savent s'arrêter avant de devenir lourds. Même si on a tous en commun cette passion pour le foot, on a d'autres préoccupations. Les filles, par exemple. Mais sur ce sujet aussi, je tiens désormais le haut du pavé. Mes potes me posent pratiquement autant de questions sur ces nymphettes que je croise dans les coulisses que sur les starlettes que je croise sur le terrain. Leur curiosité est même inépuisable. Et c'est vrai qu'elles sont jolies, les filles qui gravitent autour des pelouses de Ligue 1. Des splendeurs comme on n'en voit pas dans les rues de notre sous-préfecture. Une toute autre dimension que les Marylin à mèches violettes qui constituaient notre ordinaire d'adolescent. Mais je reste assez évasif sur ce thème. Surtout avant mon célibat, pour des raisons évidentes. Tout le monde se connaît plus ou moins dans notre ville et les langues se délient aussi vite que lors des agapes d'après-match. Par la suite, je ne serai pas beaucoup plus loquace. C'est comme pour la belle bagnole et le homard, ça ne sert à rien d'étaler ça auprès de ceux qui en sont privés. On a vite fait d'attiser des jalousies. Ces confidences, je les garde pour vous, pour un peu plus tard.

Au sein de ma famille, on m'épargne encore moins qu'avec les copains. À force de fréquenter des stars, je suis clairement devenu celle de la tribu. Si mes parents sont comblés par ma réussite, ils n'en rajoutent pas. Ma mère ne s'intéresse pas au foot et mon père sait déjà tout ce qu'il y a à savoir puisque nous sommes en contact permanent et notamment avant et après les matchs. En revanche, je subis d'interminables interrogatoires de la part d'autres membres du clan. De la part des enfants, c'est naturel. Ils ont les yeux qui brillent quand j'évoque mes rencontres avec leurs idoles et je me projette facilement à leur place quand j'avais leur âge. Moi non plus, le tonton qui serre la main des dieux, je ne lui aurais pas lâché la grappe. Avec eux, je suis d'une patience sans limite. En plus, ils veulent tous devenir arbitres maintenant. Alors il ne s'agit pas de décourager cette admirable vocation. J'entretiens la flamme pour préparer la relève.

Mais dans toute famille, il y a un beau-frère qui fait chier, et la mienne ne fait pas exception à la règle. Pourtant, ce con-là se préoccupait du foot comme d'une guigne avant que je passe à la télé. Désormais, il ne vit plus que pour ça et me harcèle littéralement à chaque dîner. Le pire, c'est que ce taré me pose systématiquement les mêmes questions semaine après semaine. À croire qu'il souffre d'Alzheimer. « La meilleure ambiance ? », « Ton meilleur souvenir ? », « Ibra il est vraiment comme ça en vrai ? », « Le meilleur joueur ? », « Le plus sympa ? », « Le plus chiant ? » Le plus chiant c'est toi sans l'ombre d'un doute, abruti ! suis-je tenté de lui répondre. En bon diplomate, je me contente d'invoquer une soudaine envie de fumer pour prendre congé. Du coup, mes parents s'inquiètent de ma consommation exponentielle de cigarettes et l'attribuent au stress de la fonction. Il est certain que si mes poumons finissent par me jouer des tours, cet empaffé n'y sera pas pour rien. Du reste, je vois clair dans son jeu. Lui qui se montrait fort condescendant quand j'étais un petit employé de La Poste qui arbitrait Bressuire-Les Herbiers le week-end est vert de rage maintenant que la roue a tourné. Ce n'était pas du tout ce qu'il avait prévu, que je roule en Audi et que je gagne en un mois autant que lui en six. Alors, pour masquer cet intense ressentiment, il affecte de se réjouir de la situation jusqu'au grotesque. Pathétique manœuvre dont je ne suis pas dupe.

Hormis ce dérisoire revers de la médaille, on ne peut pas dire que je subisse les affres de la célébrité. Quand je vais faire des courses dans la grande ville la plus proche, on me reconnaît rarement plus d'une fois. Étonnamment, au vu de ce que l'on entend dans les stades, je n'ai droit qu'à des gentillesses. On me demande une photo et on salue le courage qu'il faut pour faire ce job. Jamais je ne croise qui que ce soit de vindicatif pour me reprocher un éventuel fait d'armes. Il faut croire que le supporter hargneux est plus courageux entouré de ses semblables. Ça démontre en tout cas que la fonction est mieux considérée que l'on ne pourrait le penser en se fiant aux amabilités proférées en tribune.

Ma cote d'amour est également au plus haut chez les commerçants de ma bourgade. Ils me connaissent depuis toujours mais c'est dorénavant une fierté pour eux de me compter parmi leurs clients. D'autant que j'ai plus de moyens, alors ils ont toutes les raisons de me cajoler. Certains me réclament même une photo pour l'afficher derrière leur comptoir. Manière de proclamer que l'enfant prodige du pays se fournit dans leurs rayons. Si le boucher se trouve en mal de chair à saucisse quand je viens lui en acheter, il va déployer des trésors d'imagination pour me fournir malgré tout. Ce sont ce genre de broutilles qui donnent la furtive impression d'être devenu quelqu'un. Une petite sommité à la petite échelle de ma famille et de ma commune. Rien d'extravagant. Rien qui puisse m'empêcher de garder les pieds sur terre.

Il n'y a qu'au boulot que je suis confronté à des sentiments hostiles. Dans les stades, on les a déjà largement évoqués. Mais à La Poste aussi, on me cherche des noises. Cela dit, ce n'est pas trop gênant vu que je m'y rends de moins en moins. Mais c'est précisément ce que me reprochent certains. Que l'on me voie plus souvent sur le petit écran à distribuer des cartons que derrière mon bureau à organiser la logistique, ça crispe certains camarades. Il faut dire que notre responsable est un passionné de football et qu'il fait d'énormes efforts pour m'aménager l'emploi du temps le plus confortable possible. Je suis clairement sa coqueluche et je passe une partie non négligeable de mon temps de travail déjà réduit à ressasser mes anecdotes dans son bureau.

Cet indiscutable traitement de faveur suffirait déjà largement à faire grincer quelques dents. Mais je dois reconnaître ne pas tout faire pour apaiser les tensions. Notamment en venant pointer avec mon carrosse. D'un autre côté, je n'ai pas cassé ma tirelire pour le laisser rouiller dans le garage. Il n'empêche que c'en est trop pour mes homologues qui font de moins en moins mystère de leurs sentiments et multiplient les remarques fielleuses quand j'arrive dans les locaux : « Tiens, t'es là ! Le chef est dans son bureau si tu veux causer un peu... » Entre favoritisme et ascension sociale éclair, je prête le flan à toutes les médisances. Pourtant, je ne suis pas du genre à me planquer et je continue à faire le job sérieusement quand le patron m'en laisse la possibilité. Ce n'est pas de ma faute si mes aventures le captivent ! Je m'en passerais bien, à vrai dire, de répéter les mêmes sempiternelles histoires devant sa mine réjouie... J'ai déjà ma dose avec le beau-frère maudit. Et ce n'est pas de ma faute non plus si les choses marchent bien pour moi et si je suis moins disponible. S'ils avaient une activité annexe qui se mettait à leur rapporter autant d'argent, ils y renonceraient, peut-être ? On le verrait, alors, leur dévouement à la grandeur de La Poste... Même pas certain qu'ils mettent, comme moi, un point d'honneur à rester consciencieux. J'en connais parmi eux qui sont des tire-au-flanc professionnels et qui en font moins à temps complet que moi en deux jours. Évidemment, ce sont les plus féroces. Ceux qui bossent réellement ont moins de temps à consacrer aux calomnies.

Mais ainsi va la nature humaine avec ses petites laideurs. L'envie est un poison amer. Lorsqu'est annoncé un déficit record pour le groupe, il s'en trouve pour laisser entendre que j'en serais la cause. Enfin, n'exagérons rien, pas moi tout seul. Moi et les autres parasites de mon espèce. Qu'avec un tel laxisme, il ne faut pas s'étonner que tout aille à vau-l'eau. Sans parler de mon effronterie à faire le beau avec ma charrette tandis que tout le monde se serre la ceinture. Je fais une drôle de fripouille vaniteuse qui ternit le prestige du service public. Pour un peu, accablé de tant d'aigreur, je pourrais me croire encerclé de petits René Girard habillés en bleu marine. Seule change la nature des frustrations.

L'une des rares qui ne participe pas à cette chasse à l'homme, c'est une mignonne petite stagiaire embauchée pour les fêtes. Mais ça ne va pas du tout arranger mon cas. Elle, l'Audi S3 et l'exposition médiatique, elle n'y voit aucun inconvénient. On peut même aller jusqu'à dire que ça l'intéresse beaucoup. Forcément, dans ce contexte très inamical, dès lors que l'on vous susurre quelques compliments, c'est le grand soulagement et vous tendez une oreille attentive. Comme elle n'a pas une voix qui porte, cette jeune fille, je suis bien obligé de me rapprocher. Tant et si bien que ça se termine sur mon bureau et que l'on met une grande pagaille dans mes dossiers. Accessoirement, ça crée aussi un peu de tintouin dans le service vu que l'on recommence régulièrement et qu'on manque franchement de discrétion. Quand la chose s'ébruite, c'est le dernier clou dans le cercueil de ma réputation. Branleur, paresseux et suborneur par-dessus le marché. Il fallait rien de moins qu'un terme médiéval pour définir mon degré d'ignominie. Pourtant, je tiens à le notifier, elle est bel et bien majeure, ma valeureuse stagiaire. Pas de beaucoup, certes. L'argument ne porte cependant pas face à mes détracteurs plus remontés que jamais. Je ne dois ma place qu'à la bienveillance inébranlable de mon responsable. En revanche, il ne peut rien face à la haine irrémédiable dont je serai désormais l'objet parmi mes collègues. J'ai collé le timbre de trop sur la lourde enveloppe de leurs griefs. Ce qui ne va pas m'encourager à devenir plus assidu. Ça tombe bien, on va bientôt nous solliciter encore plus, moi et mon gros sifflet.

Si cette brève roucoulade les a mis dans tous leurs états, heureusement qu'ils ne savent pas ce qu'il se passe parfois quand on part en trio mettre de l'ordre sur les terrains de Ligue 1. Et de Ligue 2 aussi d'ailleurs. Tous les jolis petits lots dont on a le bonheur de faire la connaissance. Là, ils auraient de bonnes raisons de baver tant et plus. La stagiaire, c'est vraiment un modique interlude en comparaison de ce qu'on chevauche régulièrement. Comme le plaisir simple de se faire un petit Auxerre-Sochaux entre un Monaco-PSG et un Marseille-Lyon. Une sorte d'hommage à la France d'en bas chère à notre ancien président.

D'un point de vue socio-physiologique, c'est probablement la différence la plus notable et la plus appréciable entre ma vie d'avant et ma nouvelle vie. Cet accès à la fine fleur du beau sexe, c'est une ivresse sans cesse renouvelée. Non pas que je faisais office de repoussoir avant d'être arbitre galonné. Mais ces filles-là, je ne les voyais tout simplement pas. Elles ne viennent pas user leurs escarpins dans la gadoue des stades municipaux de cinquième division de district. Pas plus que dans les centres de tri de La Poste. Et si l'une de ces gazelles s'y égare par inadvertance, ce n'est de toute façon pas pour compter fleurette à la faune locale. Leur élément naturel, ce sont plutôt les loges où coule le champagne, les restaurants prestigieux, les grands hôtels et les boîtes de nuit huppées. Tous ces lieux dont mes dons de virtuose du sifflet m'ont ouvert les portes.

Cela dit, nous n'avons ni le prestige ni les moyens des joueurs et ces beautés ne sont pas là pour nous. Ne vous imaginez pas non plus qu'un déplacement d'arbitres ressemble à une tournée des Rolling Stones. Les groupies ne s'accrochent pas vraiment à nos basques, soyons clairs. On ne nous envoie pas de petite culotte ni de mot doux parfumé orné d'un numéro de portable. Si l'on nous jette quelque chose dans les stades, ce serait plutôt des canettes vides ou des rouleaux de PQ. L'intention n'est pas franchement la même.

Il n'empêche que l'on est jeune, sportif et que quelques détails flagrants montrent que l'on gagne très correctement notre vie. Le simple fait de se trouver en certains endroits est en général un indice suffisant. Même sans qu'elles sachent précisément qui nous sommes et ce que nous faisons, c'est amplement suffisant pour susciter quelques convoitises chez les demoiselles. Or, quand on est en pleine santé, loin de chez soi et qu'une nana sortant d'un magazine de mode vous fait les yeux doux, il faut avoir une sacrée volonté pour rentrer se coucher avec une tisane. Cette volonté, ne nous mentons pas, peu d'hommes en font preuve.

Si bien que les nuits se terminent généralement de façon fort agréable. Dans l'Occident décadent du XXIe siècle, quand on possède ces atouts, il faut s'y prendre comme un manche ou avoir une sacrée poisse pour dormir tout seul. Mais ça arrive tout de même... Ces soirs-là, on se console avec la satisfaction de rentrer à la maison sans remords. On est un mec bien. Que ce soit par défaut importe peu.

Mais la plupart du temps, à part pour les rares célibataires, on se retrouve face à nos scrupules. C'est aussi ce qui nous incite à rester discrets sur notre identité. De toute façon, la fonction d'arbitre n'est pas plus sexy que ça. Alors, comme on ne tient pas à ce que notre présence dans ces lieux de débauche se sache, on laisse tomber les costumes officiels. Avec mon assistant le plus proche, qui me suit dans ces bacchanales tandis que le troisième larron roupille, on prend même l'habitude de s'inventer une vie. À chaque virée, on a un nouveau prénom et un nouveau métier. Didier, avocat à la cour, et Christophe, représentant en spiritueux, à Toulouse. Sylvain, le fameux saxophoniste de jazz, et Guy, patron d'une société de déménagement, à Lille. Des attelages pas toujours cohérents il est vrai. Mais ça donne un peu de sel à la soirée et ça évite tout danger d'avoir un compte-rendu de nos cabrioles le lendemain sur les réseaux sociaux. Une copine déçue d'être prématurément abandonnée à son sort pourrait fomenter ce genre de vengeance. Tous ces forums où on nous insulte copieusement par ailleurs sont notre hantise.

C'est pour le même motif que l'on tourne systématiquement les talons si l'on aperçoit des joueurs dans une discothèque. C'est le sauve-qui-peut immédiat. Pourtant, ce serait l'aubaine question gonzesses. Il y en a toujours des nuées agglutinées autour d'eux. Si elles nous voyaient serrer la paluche et discuter avec leurs proies, on n'aurait qu'à se baisser pour les ramasser. On pourrait se sentir membres de la jet-set et en embarquer cinq à l'hôtel sans coup férir. Avoir l'air proche de ces gars-là, ça vous booste instantanément le sex-appeal auprès de toutes celles qui n'arrivent pas à choper du footballeur. D'une certaine façon, ça pourrait être très tentant. À ceci près que les chances de passer inaperçu deviendraient extrêmement minces. C'est un coup à se retrouver sur l'Instagram de l'un des joueurs, bras dessus bras dessous et un verre à la main, avec en légende : « Avec mon gars sûr Philippe

Kalt. Sans rancune frérot ». Autant dire la fin d'une carrière.

Les cloisons sont et doivent rester étanches entre le foot et notre vie privée. On ne peut pas laisser au public l'impression d'une connivence. Il m'arrive de croiser des joueurs sur le parking en quittant le stade. Certains sont sympas et engagent la conversation. Une fois apaisée la passion de l'événement, ils se plaignent rarement. Tout le monde passe à autre chose. Mais je ne laisse pas de relation s'installer. J'abrège aussi vite que possible et me rue dans le taxi. Pourtant, ça ne me déplairait pas en soi d'être pote avec Gourcuff ou Mavuba. Et pas seulement parce que ça aide à emballer... Il y a vraiment de chouettes types dans le lot. Mais on ne peut pas se le permettre. Ça ferait des histoires. Un peu à la Roméo et Juliette. Ils sont les Montaigu et nous les Capulet. Papa Le Graët et maman Garibian se fâcheraient tout rouge en apprenant cette union contre nature et c'est normal. Le juge ne peut pas fraterniser avec le prévenu.

Même entre arbitres, on se fréquente très peu en dehors des rassemblements. On vient presque tous de régions différentes et on n'a pas vraiment le temps de parcourir des centaines de bornes pour se faire une bouffe. On voit assez de route comme ça tout au long de l'année. Par contre, le téléphone sonne beaucoup. On se soutient en cas de coup dur, on se rencarde sur tel ou tel joueur et puis on a aussi nos potins, comme dans tous les milieux. C'est une famille avec ses solidarités précieuses, ses fâcheries plus ou moins durables, ses ragots plus ou moins fondés et ses mesquineries ambitieuses. Comme toutes les familles, en gros.

En matière de mesquineries, je m'apprête à donner du grain à moudre aux amateurs. Tous ceux que la réussite des autres défrise. On en a quelques-uns dans nos rangs... Je ne donnerai pas de noms, mais ce sont généralement les plus mauvais. Comme partout ailleurs. Bref. Ayant fait mes preuves au plus haut niveau national, l'étape suivante semble toute tracée. Sauf catastrophe, je devrais bientôt exercer mes talents au-delà des frontières de notre beau pays. Comme je sens la chose imminente, j'anticipe en perfectionnant mon anglais avec quelques DVD. J'ai déjà de bonnes bases vu que beaucoup de joueurs de notre championnat ne parlent pas français. Quand on dirige un PSG-Monaco par exemple, mieux vaut être déjà un peu rodé dans la langue de Shakespeare. Ces armadas cosmopolites nous donnent une bonne esquisse des joutes européennes.

Autant dire que l'aventure va prendre une ampleur supérieure. Peut-être Cristiano, peut-être Gerrard, peut-être Messi... Tous les fantasmes sont permis. À coup sûr, il y aura de nouveaux stades, de nouvelles ambiances, de nouveaux joueurs. De nouvelles filles aussi sans doute, avec toutes sortes d'accents chantants... Quoi qu'il arrive, il y aura plein de choses à raconter. Mon beau-frère va être content.

CHAPITRE 6
L'EUROPE

Il fait un temps abominable à Clairefontaine en ce début du mois de janvier. La pluie martèle bruyamment les vitres qui entourent la vaste salle de réception où sont réunis tous les arbitres Fédéraux 1. Nous avons beau avoir assisté à de nombreux rassemblements en ce même lieu, l'occasion est tout à fait particulière pour moi et un autre de mes collègues. Une sorte de consécration. Tels de valeureux généraux recevant leur bâton de maréchal, nous nous voyons remettre notre écusson bleu et blanc aux armes de la FIFA. Nous rejoignons ainsi le contingent des neuf arbitres internationaux français.

La prestigieuse cocarde nous est transmise par Marc Batta, directeur technique de l'arbitrage, et Éric Borghini, représentant de la Commission fédérale des arbitres (CFA). Si elle marque notre appartenance au cercle convoité des arbitres internationaux, nous la porterons désormais lors de chaque match, y compris en Ligue 1 et en Ligue 2. Ce sera notre signe extérieur d'excellence. Quelque chose que l'on ne peut arborer qu'avec une fierté légitime.

Dans la salle, nos homologues applaudissent. La majorité d'entre eux le font avec sincérité. Quant à la poignée d'irréductibles aigris dont la ferveur est toute relative, ils sont le cadet de nos soucis. Moi-même, je me suis trouvé par le passé dans la position de féliciter les heureux élus et je l'ai toujours fait avec beaucoup d'enthousiasme. Il y a quelque chose d'émouvant à ce qu'une famille célèbre ceux qui vont avoir la tâche de la représenter hors des frontières. Nous sommes un peu comme des astronautes sur le parvis de leur fusée, en partance pour les étoiles sous les encouragements des techniciens condamnés au plancher des vaches. Un honneur et une lourde responsabilité, comme on dit dans les beaux discours. Discours que personne ne nous réclame, en l'occurrence.

C'est la seule chose qui me chiffonne, ce petit manque de solennité. Bien sûr, on est ravi de partager ce bonheur avec les copains. Mais on se dit que la fédé aurait pu mettre les petits plats dans les grands pour la circonstance. Au vu de ce que représente cette promotion dans une carrière d'arbitre, ils ne se sont pas trop foulés pour la cérémonie. Nos familles n'ont d'ailleurs pas été conviées. Ça m'aurait pourtant touché de voir l'émotion dans les yeux de mon père au moment où son fils accomplit son rêve.

Quant à ma mère, elle aurait probablement essuyé une petite larme discrète... Mais de toute évidence, nos dirigeants ne sont pas sentimentaux.

Enfin, l'essentiel est ailleurs. Qu'importe que la cérémonie soit bâclée et pluvieuse. Seules comptent les portes qui s'ouvrent devant nous. Des portes qui ne sont toutefois pas celles de la gloire. C'est tout le paradoxe de ce genre de palier. Cette promotion nous place au sommet de la hiérarchie nationale mais nous fait également renouer avec le statut de petit nouveau. Il existe quatre classes d'arbitres internationaux : catégorie 2, catégorie 1re développement, catégorie 1re et Top List. Ces derniers sont naturellement la crème de la crème, ceux qui officient au centre en Ligue des Champions. J'en suis encore très loin et il n'est pas du tout acquis que j'y arrive un jour. Parvenu à ce niveau, il s'agit de rester très humble. Ce n'est pas comme en France où l'on connaît ses concurrents et où l'on peut très vite s'étalonner vis-à-vis d'eux. Désormais, nos rivaux sont anglais, italiens, allemands ou encore serbes ou portugais. On les connaît mal, voire pas du tout. Après tout, peut-être que nos vénérés journalistes ont raison et qu'on est réellement nuls... Et que l'on va douloureusement s'en apercevoir en se confrontant à ces cadors étrangers au coup de sifflet si sûr. Allez savoir si on ne va pas tomber de haut en côtoyant le sommet ! Évidemment, tout enorgueillis de nos nouvelles armoiries, nous ne doutons pas de nos capacités. Teutons et Ibériques n'ont qu'à bien se tenir. Mais la confiance ne fait pas tout. Nous allons découvrir que cette lutte est aussi conditionnée par de subtils jeux d'influence entre nations et que la diplomatie française n'est pas franchement à la pointe.

Nous faisons la connaissance de nos collègues européens le mois suivant à Chypre. Chaque année, le séminaire qu'organise l'UEFA pour les néo-internationaux se tient sur un site différent. Sur ce point, nous sommes gâtés. L'île moyen-orientale offre un bien plaisant contraste avec la grisaille hexagonale. Le ciel est bleu et le fond de l'air est doux. Nous sommes logés dans un hôtel de très grand standing. Rien de comparable avec les Novotel réservés par nos soins lors de nos déplacements en Ligue 1. Tout en se prélassant dans la piscine à débordement située sur son *rooftop* et judicieusement bordée de palmiers, on peut admirer la Méditerranée qui s'étend à perte de vue et presque deviner les côtes turques au nord et égyptiennes au sud. Si l'on regarde vers l'intérieur des terres, on découvre un paysage aride dans lequel gambadent les vignes et où subsistent quelques vestiges antiques de la civilisation grecque. Dans ce cadre paradisiaque, nous sommes chouchoutés par un personnel aux petits soins. Personnel comprenant notamment quelques serveuses à la peau cuivrée qui mettent en appétit... J'en connais un que ce spectacle aurait comblé, mais j'ai dû laisser mes assistants à la maison. Les séminaires de l'UEFA sont réservés aux arbitres centraux. Nos dévoués complices ne sont admis qu'aux réunions dans le cadre des grandes compétitions internationales. Horizon encore très lointain. Mais leur absence ne suffit pas à me gâcher le plaisir. Nos nouveaux employeurs ont du pognon et l'utilisent admirablement. Entre l'eau turquoise, les parasols et les jolies filles en bikini, tout est réuni pour se croire en vacances.

D'autant plus que cet agglomérat de nationalités contribue à donner un cachet exotique au séjour. On se sent comme des étudiants en voyage Erasmus. Des types plutôt jeunes venus des quatre coins du continent qui prennent le temps de se découvrir. Il y a beaucoup de curiosité chez les uns et les autres et l'on ne reste pas spécialement entre compatriotes. Comme on est tous fraîchement internationaux, ce bouillon de culture est inédit pour chacun et l'on est avide d'en savoir plus sur nos contrées respectives. Le fait d'avoir cette vocation siffloteuse en commun facilite les premiers échanges et les conversations tournent naturellement autour du ballon.

Dès le premier jour, je sympathise avec un Anglais très marrant autour de la piscine. Il me parle de sa passion pour Liverpool et de son regret de ne jamais pouvoir arbitrer à Anfield. « *I should have shut my mouth!* » déplore-t-il. « J'aurais dû fermer ma gueule. » Face à mon étonnement, il m'explique qu'Outre-Manche on demande aux jeunes arbitres quel club ils supportent pour éviter tout favoritisme sentimental. Ainsi, mon nouveau pote n'a pas le droit de diriger les Reds, ni même un match qui pourrait directement impacter leur classement. « *And they're fucking right!* » conclut-il avant de m'avouer en riant qu'il aurait effectivement entubé sans scrupule les adversaires de ses favoris. De quoi prendre le proverbial fair-play anglais avec des pincettes.

Cette révélation m'intrigue, en tout cas. Il est vrai que chez nous on ne se préoccupe pas du tout de nos affinités. Pourtant, comme n'importe quel amateur de foot, on a quasiment tous un club de cœur. Est-ce que cet amour inavoué pourrait parfois faire pencher la balance de manière inconsciente ? À titre personnel, j'ai de bonnes raisons d'en douter vu que j'ai toujours eu un faible pour l'OM. Si j'en juge par les statistiques de mon ami Labrune, il semblerait que mon impartialité soit sans faille. Il n'empêche que ce petit détail démontre que l'Angleterre est bien davantage un pays de football que la France. Un pays où l'équipe que l'on aime fait partie intégrante de l'état civil. Je crois que c'est Ken Loach qui disait : « Tu peux changer de femme, tu peux changer de religion, mais tu ne peux pas changer d'équipe de foot ».

Toutefois, s'il est une autre terre de ballon en Europe, c'est bien l'Italie, et nos amis transalpins ne sont pas soumis à cette question non plus. Il est vrai qu'ils n'ont pas toujours brillé par leur neutralité... Mais pas vraiment pour des raisons affectives, d'après ce que j'en sais. Il serait du reste étonnant qu'ils soient tous tifosi de la Juve. De toute façon, nous n'abordons pas les sujets qui fâchent. On se connait encore trop peu pour se chambrer et prendre le risque de ternir la belle ambiance qui règne entre nous.

Nos copains ritals sont familiers de cette vie en vase clos. Ils nous apprennent qu'avant chaque journée de Serie A, ils sont réunis à Coverciano, le Clairefontaine italien, dès le jeudi. C'est là qu'ils découvrent le match qu'ils vont arbitrer le lendemain, le samedi ou le dimanche. Et leur séjour est en grande partie consacré à l'analyse vidéo du match à venir. On leur expose tous les tenants et aboutissants tactiques qu'ils devront maîtriser pour avoir un temps d'avance sur le déroulement de la partie. Encore un exemple à méditer et des pistes à explorer. C'est tout le bénéfice de cette subite ouverture sur le monde.

Cet instructif et joyeux brassage aurait décidément des airs d'auberge espagnole estudiantine si l'on rajoutait quelques pétards et quelques cuites dans le tableau. Mais ça, ce n'est pas du tout au programme. Non pas que l'on soit spécialement fliqué, mais on ne tient pas à se faire remarquer comme de vulgaires garnements indisciplinés. Que l'on s'ébroue gaiement dans la flotte, c'est une chose, mais il ne viendrait à l'idée de personne de faire le mur pour écluser les bars et compter fleurette aux beautés locales. Même dans l'enceinte de l'hôtel, on fait profil bas. On s'autorise éventuellement une bière avant de dîner, mais pas plus. Dîner plutôt frugal au demeurant. Pourtant, le buffet à volonté propose quantité de mets orientaux des plus savoureux. Toutes les cuisines du monde sont d'ailleurs représentées pour satisfaire la clientèle cosmopolite. Ça attise notre curiosité, mais on serait mal inspiré de se goinfrer comme des vaches. Outre que l'on tienne à faire bonne impression, on a plutôt intérêt à ne pas trop s'alourdir.

Parce qu'en dépit du tableau idyllique, ce n'est pas vraiment un séjour d'agrément. Sur le plan physique, je réalise vite que les exigences sont encore bien supérieures à celles pourtant élevées de notre bonne vieille Ligue 1. Chaque jour, on se rend dans un stade local pour des évaluations. J'y retrouve des exercices proches de ce que je connais déjà et j'en découvre de nouveaux. Notamment l'épreuve de référence à la FIFA appelée *Interval Test*, qui consiste à enchaîner six sprints de quarante mètres en moins de six secondes deux avec un temps de récupération de plus en plus court. Après le premier galop, on dispose d'une minute trente pour souffler, moins le temps de la course. Celui-ci se soustrait à chaque fois. Si bien que comme on court de moins en moins vite avec la fatigue, la pause est de plus en plus brève. L'objectif est de mesurer notre capacité à répéter des efforts de haute intensité et à bien les encaisser sur le plan cardiaque. Bien que l'ambiance soit conviviale, on est déjà tous dans une logique de compétition et déterminé à se distinguer. Par conséquent, on donne tout ce qu'on a sous le capot et certains sont au bord de rendre leur petit déjeuner. Au moins, le message est clair : l'Europe, ça se mérite.

Pour réparer nos corps meurtris, spa, hammam et sauna sont à notre disposition au sein de l'hôtel. Idéal pour se détendre en éliminant les toxines. Un soir, après une séance éprouvante, je rôtis tranquillement dans mon jus dans le sauna déserté. La solitude favorise la rêverie et je me laisse aller les yeux mi-clos à imaginer des jours de gloire tout en dégoulinant de sueur. Entre alors un sémillant quinquagénaire qui m'extirpe de ma torpeur. Je lui retourne son salut et m'interroge. Ce visage ne m'est pas inconnu... J'entamerais bien la discussion mais c'est délicat entre deux mecs à poil. Je ne voudrais pas qu'il y ait méprise sur mes intentions. Il y a toute une mythologie autour de ces lieux... Je préfère ne pas prêter le flanc au malentendu, ni à quoi que ce soit d'autre.

Ce n'est que le lendemain que j'en ai le cœur net. Avec son polo siglé UEFA, je le reconnais maintenant, le grand Markus Merk. L'illustre arbitre allemand est l'un de nos conférenciers. Un salon a été aménagé à cet effet et nous sommes tous réunis pour boire ses paroles. Retraité depuis peu, il dispense désormais son savoir et son vécu considérable à la relève. L'un de ses ultimes faits d'armes fut d'avoir été le premier à expulser Lionel Messi lors d'un match officiel ;

au moment où j'écris ces lignes, il n'a d'ailleurs toujours pas été imité. C'était lors de la première sélection du génie argentin face à la Hongrie. Suite à un tirage de maillot d'un défenseur magyar, le prodige agacé s'était départi de son calme habituel en lui envoyant son bras dans la tronche. À dix-huit ans, le petit Leo n'était pas encore une légende vivante et l'implacable Markus n'avait pas hésité à dégainer le rouge.

Et c'est précisément de tirage de maillot qu'il est question lors de cette intervention. Chaque année, l'UEFA met l'accent sur un point précis du règlement sur lequel il conviendra d'être particulièrement intransigeant. Véritable fléau des surfaces de réparation, cette sale manie d'accrocher son vis-à-vis par la tunique devra être traitée avec la plus grande sévérité. Nous voilà prévenus.

Dans les jours suivants, d'autres sommités se relaient derrière le pupitre. Pour marteler le même leitmotiv et prodiguer conseils et encouragements. Il y a du beau linge, à l'image de l'Anglais David Elleray, authentique star de la profession. À tel point qu'il sera fait quelques années plus tard chevalier du *Most Excellent Order of the British Empire*, la fameuse médaille MBE qu'avaient reçu les Beatles des mains de la reine Elizabeth II en 1965. Ça vous pose quand même son bonhomme. Mais il n'a pas besoin de ça pour en imposer. C'est ce qui frappe d'emblée chez tous ces géants du sifflet. La présence et l'autorité naturelle. Ce qui nous amène à nous questionner sur nos modestes personnes... Est-ce qu'on a ça en stock, nous autres ? Et est-ce qu'à défaut ça peut s'acquérir ? Pas si sûr. Ces confrontations nous incitent en tout cas à la jouer modeste et à écouter religieusement les sages paroles prononcées à la tribune.

Mais il va nous falloir patienter encore quelques mois pour mettre en œuvre tous ces préceptes. Notre nouveau statut, nous n'allons l'étrenner que lors des tournois internationaux de jeunes après la clôture des différents championnats. Nous connaîtrons prochainement nos différentes affectations. D'ici là, c'est le retour à l'ordinaire hexagonal avec quelques bons souvenirs de colo, des échanges de numéros de portable et une ambition gonflée à bloc.

Ces longues semaines de patience ne sont qu'à moitié récompensées. Mon premier match de poule dans ce championnat d'Europe me ramène plusieurs années en arrière en termes d'affluence et d'infrastructures. Ces compétitions juvéniles ne passionnent pas forcément les foules et l'atmosphère s'en ressent cruellement. Il y a à peine deux cents spectateurs dans ce petit stade champêtre chez nos voisins luxembourgeois. Le Luxembourg en plus... Question dépaysement, on peut dire que je suis gâté pour ma première. N'ayant droit qu'à un seul de mes assistants habituels, j'avais pris soin de choisir le plus sage des deux. Afin d'être certain de ne pas me laisser entraîner dans quelque aventure pénalisante par l'autre sauvage... Précaution bien inutile vu l'absence totale de distraction potentielle dans la rase campagne où l'on séjourne. Avec mon compère, on se croirait de retour en CFA2. Encore que le public y était plus virulent. Là, les tribunes ne sont peuplées que de quelques curieux et d'agents et autres recruteurs à l'affût de la perle rare.

Ces derniers pourraient d'ailleurs bien trouver leur bonheur. C'est la différence majeure avec les joutes amateurs de nos débuts. Même si les joueurs que l'on dirige sont encore des gamins à peine sortis de l'adolescence, on en repère quelques-uns dont on se dit qu'on risque fort de les recroiser dans quelques années en Ligue des Champions si on fait bien notre travail et eux aussi. Des apprentis vedettes dont certains se la racontent un peu... Vu que leurs visages ne sont pas encore connus, on n'identifie que les rares à avoir déjà fait parler d'eux en raison de leur précocité hors norme. Impossible de les citer ici sans m'exposer à être promptement identifié. Mais observer ces starlettes en pleine ascension est un phénomène très intéressant. Pour en voir un certain nombre tout au long de l'année en France, la dégradation des mentalités a parfois tendance à s'indexer sur la longueur des articles que *L'Équipe* consacre aux supposées futures stars. À l'instar de Nabil Fekir, il y a ceux dont le périmètre crânien augmente à vue d'œil, comme son coéquipier de l'époque Alexandre Lacazette... Mystère de la formation lyonnaise. Pour nuancer ce jugement,

Maxime Gonalons est lui un garçon très plaisant. Même s'il peut se montrer nettement plus revêche quand le cœur lui en dit et que les circonstances lui sont défavorables. Là, il commence à mettre la semelle et à donner de la voix. Mais rien qu'un rappel à l'ordre ne parvienne à canaliser.

D'autres traversent une crise de starification plus ou moins longue avant de prendre conscience du ridicule de la situation et de se calmer totalement. C'est le cas de Florian Thauvin au moment où il rejoint l'OM après son transfert annulé à Lille. Ce qui n'est certainement pas une coïncidence. Il est dans sa période « branleur capricieux » et on le constate à nos dépens chaque fois qu'on le dirige et qu'il chouine tant et plus... Puis l'intellect reprend le dessus sur l'ivresse des sommets et il devient un mec adorable et très facile à arbitrer. Quelqu'un comme Kylian Mbappé est voué à suivre la même trajectoire. On ne peut pas reprocher à des garçons aussi jeunes de perdre un peu les pédales en étant déifiés prématurément. Après, ce sont la tête et l'entourage qui font que ça dure ou pas.

Cela dit, certains passent totalement entre les gouttes, à l'image de Raphaël Varane qui, bien qu'annoncé comme un crack d'envergure mondiale, était la classe incarnée dès ses débuts. Il pouvait être sur le point de rejoindre le Real et considéré comme l'avenir du poste de défenseur sans que ça ne l'affecte le moins du monde. Pas un mot plus haut que l'autre et une correction qui ne s'est jamais démentie si j'en crois tous les échos que j'ai eus après son départ pour l'Espagne. Départ suite auquel il est d'ailleurs resté en contact étroit avec ses formateurs lensois. Un grand cœur et une tête bien faite comme on aimerait en croiser plus souvent.

Précisons par ailleurs qu'on en connaît dont l'image publique est plus... mitigée, mais qui ne posent aucun problème sur un terrain. Un joueur comme Layvin Kurzawa pâtit d'une réputation douteuse mais n'a rien d'un voyou. À vrai dire, c'est une présence plutôt neutre à nos yeux. On ne l'entend pas et il ne se distingue pas non plus par un charisme particulier. Au même titre que son ancien partenaire monégasque Anthony Martial. Pas causant non plus, ni en bien, ni en mal... Un peu lointain. C'est peut-être la quiétude du Rocher qui a déteint sur leur tempérament.

Mais revenons à ce tournoi au cours duquel je ne croise évidemment pas de compatriotes. Aux prises avec tous ces prometteurs étrangers, je fais une belle impression. Les comptes-rendus des observateurs sont très positifs et c'est un grand soulagement pour notre duo. Si l'ambiance nous a laissés sur notre faim, on réalise après coup que le contexte était idéal pour inaugurer nos galons. L'absence de public et le fait d'avoir affaire à des minots désacralisent l'événement. On a presque l'impression d'une rencontre amicale et on en oublie que l'on fait ses premiers pas d'international. C'est comme pour un dépucelage, si la fille est trop belle, on a vite fait de perdre ses moyens. Ce championnat d'Europe, c'est la bonne copine un peu boulotte qui permet de franchir le pas sans trop de pression.

La pression, elle va cependant monter très vite avec d'autres genres de préliminaires. À savoir ceux de l'Europa League dès le mois de juillet. On va enfin commencer à voyager un peu puisque l'on nous expédie à Bucarest. L'un des plus grands clubs du pays, le Dinamo, va tenter de décrocher son billet face à une obscure formation issue elle aussi de l'ex-URSS. Ce n'est sans doute pas l'affrontement le plus palpitant de l'année mais il n'empêche qu'on y est. « On », cette fois, c'est nous trois. Mes deux hommes de drapeau et moi. L'UEFA a le bon sens de conserver les trios opérant au niveau national afin de capitaliser sur leurs automatismes. S'ils connaissaient le drôle d'oiseau qui se niche dans l'équipe, ils se seraient peut-être méfiés. Il n'empêche que leur présence me tranquillise grandement. Tant pis pour la moralité publique.

Premier changement majeur par rapport à nos habitudes de Ligue 1, on ne s'occupe de rien. Pas question de se mettre nous-mêmes en quête d'un vol et d'un hôtel sur internet. L'UEFA est sous contrat avec l'agence de voyage d'affaires Carlson Wagonlit qui possède une antenne au sein même du siège de Nyon. Et ce sont ces braves gens qui se chargent de tout. Nous, on se contente d'attendre les billets les mains dans les poches.

À notre arrivée, on est pris en charge par le *Referee Liaison Officer* mis à disposition par le club receveur. Il s'agit généralement d'un ancien arbitre vaguement lié au club sans y avoir forcément de fonction officielle. Un rôle créé par l'Allemand Volker Roth, responsable en chef de l'arbitrage à l'UEFA, afin de clarifier les choses et d'éviter les contacts directs entre arbitres et dirigeants. Par le passé, la réception était souvent fastueuse, et parfois beaucoup trop... Ce qui suscitait toutes sortes de questions quant à la frontière entre sens de l'hospitalité et graissage de patte. Je vais en apprendre de belles au cours de mes pérégrinations futures sur cet âge d'or révolu... Désormais, l'accueil est strictement encadré et ce n'est qu'un début. La vis va encore se serrer d'ici peu quand le Kojak italien Collina prendra la succession du vieux Volker.

Mais chaque chose en son temps ! Pour l'heure, notre *Liaison Officer* roumain nous conduit jusqu'à notre palace. On imagine bien qu'en Roumanie ce genre de crèche est plus abordable que par chez nous, mais on est quand même emballés par l'hébergement et pleins de gratitude envers nos employeurs européens. Chacun dispose de sa propre suite, et celle du central est un peu plus grande que celles des assistants. Voilà des gens qui ont le sens de la hiérarchie. On prend quelques photos pour frimer à notre retour et on décide d'aller découvrir la ville.

On est évidemment accompagnés de notre chaperon local, qui semble être un brave type, mais un poil austère. Et puis le fait qu'il baragouine laborieusement quelques mots d'anglais ne favorise pas la relation. Reste qu'il accomplit son rôle de guide touristique en nous montrant les sites dignes d'intérêt. Autant dire que ça ne prend pas des lustres. En dehors du palais que s'était fait construire feu leur dictateur Nicolae Ceausescu et de deux ou trois monuments à peu près regardables, elle fout plutôt le bourdon, la capitale roumaine. Des alignements sans fin d'immeubles gris qui évoquent l'hiver en plein été. Tout ça construit dans les années 1970 et 1980 sous l'ère communiste. C'était peut-être l'architecture, le point faible de cette idéologie. Être égaux dans la laideur et la misère, ça ne console qu'à moitié. Ça ne nous incite en tout cas pas à prolonger la balade. Avant d'avoir définitivement le moral dans les chaussettes, on remet le cap sur l'hôtel afin de se préparer pour notre séance d'entraînement, organisée sur le terrain piteux d'un club amateur de banlieue. Tout comme pour l'équipe visiteuse. Dans ce domaine, l'harmonisation attendra le règne de Pierluigi Collina, sur lequel nous reviendrons bientôt.

On découvre l'enceinte du Dinamo le lendemain matin à l'occasion du meeting de sécurité. Premier point à l'ordre du jour, la validation du choix de nos maillots ainsi que de ceux des deux gardiens, afin qu'il n'y ait aucune confusion possible avec les joueurs de champ – les tenues de ces derniers étant sélectionnées en amont. Une fois certains que les contrastes seront suffisants pour que même les daltoniens puissent s'y retrouver, on passe aux accessoires médicaux et on vérifie que le genre d'emplâtre ou de strap que porteront les éclopés sont bien réglementaires. Puis vient le premier contact avec la pelouse pour contrôler une première fois les équipements tels que les lignes ou les filets.

Tout cela semble tenir la route malgré la vétusté des lieux. Car il n'est pas de première jeunesse, le stade du 23 Août. Bâti en 1953, il doit son nom à la date du renversement du dictateur pro-nazis Ion Antonescu en 1944, renversement qui annonçait les prémices de l'ère communiste. Toujours est-il que c'est le plus grand stade du pays et que la sélection roumaine y a longtemps évolué. Même Michael Jackson y a donné un concert en 1992. Pourtant, tandis que nous foulons son gazon, il vit ses derniers moments. Il va prochainement être détruit pour céder la place à une enceinte plus moderne. Les autorités n'auront plus qu'à en faire autant avec la moitié de la ville pour tourner définitivement la page du bolchévisme et entrer de plain-pied dans la modernité.

Le soir venu, l'affiche captive indiscutablement moins les foules que le spectacle du *King of Pop* une vingtaine d'années plus tôt. Les supporters locaux nous avaient été annoncés chauds mais ils doivent estimer que le modeste adversaire du jour ne vaut pas le déplacement. Les tribunes sont très clairsemées et le climat est assez morose. Mais ça ne me préoccupe pas vraiment. L'enjeu est tout autre qu'avec les petits jeunes il y a quelques semaines. Cette fois, il est question de sous et de points UEFA. Malgré le peu de spectateurs, j'ai le sentiment d'être scruté de près. À commencer par l'observateur et son redouté rapport.

Ce qui me rassure dès les premières minutes, c'est que les visiteurs sont vraiment mauvais comme des cochons. J'en suis bien navré pour eux, mais l'évidente branlée qu'ils vont prendre devrait m'épargner de me retrouver au cœur d'une polémique. Gare néanmoins à l'excès de confiance. L'incident reste toujours possible et mon intraitable superviseur saura bien me cafter pour un péno oublié même s'il n'a pas d'incidence sur le résultat.

En parlant de penalty, j'en siffle un qui me ravit en fin de première mi-temps pour un grossier tirage de maillot sur un corner. Évidemment, mieux vaut avoir le triomphe discret. Ça prêterait à interprétation, alors je me domine. Mais je repense au discours entendu sur le sujet lors de notre séminaire et je me sens dans la peau de l'élève modèle. Attentif en cours comme pas deux et d'un zèle incomparable. À la limite d'être un peu fayot. « Vous avez vu, monsieur, moi j'ai bien sifflé comme vous avez dit. » D'un autre côté, où va le monde si les dépositaires de l'ordre ne suivent pas les consignes ? J'espère simplement que l'observateur aura pris bonne note de mon intransigeance envers les maltraitances vestimentaires.

Tout se déroule sans encombre jusqu'à l'ultime minute, où les Roumains rajoutent un but dans la pesante musette de leurs victimes. Seulement, ces derniers protestent en invoquant une faute préalable. Ils m'emmerdent, ces minables. Qu'est-ce que ça peut leur foutre ? En prendre six ou sept... C'est vraiment de la mesquinerie. Et le problème, c'est que je n'ai rien vu du tout et mon assistant non plus. J'aurais dû sucrer les arrêts de jeu comme on le fait parfois quand on estime que l'humiliation est suffisante. Mais voilà, j'ai voulu tout faire dans les règles et jusqu'à la dernière seconde. Ça m'apprendra à jouer les premiers de la classe ! Maintenant, je crains que mon bulletin de notes soit écorné.

Toutefois les réclamations ne sont pas très véhémentes. Déjà, les mecs sont peut-être conscients que ce serait un peu gros de me mettre leur déroute sur le dos. Et puis, je l'ai remarqué depuis le coup d'envoi et ça se confirmera lors de mes futures sorties européennes, les joueurs se tiennent beaucoup mieux à ce niveau. Une raison très simple à cela : la commission de discipline de l'UEFA est impitoyable en cas d'excès de langage et de débordement de toute nature. Tout le monde sait que les conséquences peuvent être lourdes et fait donc de son mieux pour se tenir à carreau. Ce n'est pas bien sorcier mais ça semble trop subtil pour les dirigeants français qui voient rarement d'inconvénient à ce qu'on se fasse pourrir... On commence à ouvrir les yeux sur certaines lacunes bien de chez nous.

Reste que ce petit litige me taraude. Une zone d'ombre qui nous empêche de savourer le bon déroulement général de la partie une fois dans le vestiaire. Un nuage qui ne disparaît qu'avec l'arrivée de l'observateur. En voyant sa bonne bouille enjouée, on comprend que la mission est accomplie. Il revient sur ce menu incident en nous affirmant que le contact était minime et que la décision de laisser l'avantage à l'offensive est absolument conforme aux directives. Pas d'inquiétude à avoir, le rapport sera sans tache. J'ai furtivement envie de lui demander s'il avait bien remarqué que j'avais sanctionné le tirage de maillot mais je me retiens. Les compliments doivent venir d'eux-mêmes.

La logique voudrait que l'on fête ça comme il se doit. Un sans-faute lors d'une grande première, ça s'arrose. Pourtant, je rechigne. J'ai comme une vague angoisse à l'idée de tout gâcher. Après tout, on ne connaît pas ce pays et ses mœurs policières. Si jamais on finissait fin ronds et qu'on se faisait emballer par la soldatesque locale ? L'effroi me saisit d'un coup. À tort ou à raison, je les soupçonne féroces et corrompus, les flics de l'ancien glacis soviétique... Du genre à embarquer sans ménagement l'étranger cossu pour lui soutirer ses roubles au nom de la lutte des classes. J'imagine le *Liaison Officer* contraint de s'extraire de son plumard pour venir nous sortir du poste contre caution. Le glas de notre aventure européenne, sans l'ombre d'un doute. Même au pays, on ne nous pardonnerait pas un tel affront. On serait la honte de la patrie, les parias définitifs. Retour séance tenante aux Montluçon-Bourgoin-Jallieu, aux kebabs tièdes et aux rombières adipeuses. Je frissonne et ma décision est prise : on prendra un verre à l'hôtel.

Tandis que l'on sirote nos cocktails accoudés au zinc, mon diable d'assistant maugrée. Ça ne l'intimidait pas du tout, lui, la flicaille de Bucarest. Il me reproche amèrement ma couardise et mon autoritarisme. Il est d'autant plus remonté qu'il s'était laissé dire que la ville regorgeait de coquines pas farouches pour un sou. Pour une fois que l'on est loin de chez nous et que personne ne risque de nous reconnaître... Depuis qu'il avait lu dans son *Guide du Routard* que la cité avait été créée par Vlad l'Empaleur, ça lui semblait la chose la plus naturelle de rendre hommage à ce glorieux fondateur en embrochant lui-même quelques mignonnes.

Mais je reste sourd à l'argumentaire répugnant de ce détraqué. Contre vents et marées, nous laisserons ici une image irréprochable. Les dignes ambassadeurs de l'arbitrage et de l'élégance français. Après avoir impressionné l'observateur de l'UEFA, il s'agit de faire la preuve de notre chaste tempérance auprès du *Liaison Officer*. Il a l'air du genre casanier, le bonhomme, et nous sommes en quelque sorte ses hôtes. « À Rome, fais comme les Romains. » Tel est mon credo du jour.

Il est un peu plus de minuit quand je décrète qu'il est temps d'aller dormir. Il a un peu raison l'assistant. C'est vrai que mon écusson me donne des élans despotiques inédits. Comme si je me sentais davantage responsable de la bonne conduite de mes ouailles hors des frontières. Un peu comme les parents qui sont plus à cheval sur la bonne tenue de leurs enfants quand ils sont invités chez des amis. Un sursaut d'instinct patriote me pousse à vouloir donner une bonne image.

Une fois sous les couvertures, je savoure cette réussite totale. Mon vaillant juge de touche finira bien par cesser de ronchonner et convenir que j'avais raison. Ce n'est pas le genre rancunier. On verra bien à l'avenir si l'on peut se lâcher un peu plus.

Je suis sur le point de sombrer quand sonne le téléphone. Ce n'est pas le mien mais celui de l'hôtel, accroché à côté du lit. La panique m'envahit soudain. C'est l'autre emmanché qui a dû faire le mur. Il va violer toute la ville et nous attirer des tas d'ennuis, le salaud. Puis je me raisonne. Il n'y a aucune raison que la réception me tienne au courant de ses allers et venues. Je reprends mon souffle et me décide à décrocher. C'est bien le réceptionniste au bout du fil, qui bredouille en mauvais anglais : « *If you want girl, 1000 dollars for night!* » Qu'est-ce que c'est que cette arnaque ? Les hôtels fournissent des putes dans ce pays ? L'UEFA nous aurait réservé un boxon ? Ça sent l'entourloupe et il ne faut pas compter sur moi pour tomber dans le panneau. « *No girl, no! I just want to sleep. Thank you!* » Voilà ce que je lui réponds à ce maquereau. On ne me fera pas déchoir aujourd'hui.

Fier de ma résistance inflexible à la tentation, je suis sur le point de ronfler pour de bon. Mais un nouveau doute m'envahit très vite. Après tout, ils ne les ont sûrement pas ramenées que pour mes beaux yeux, ces filles. Ils doivent les proposer à toute la clientèle masculine. Et notamment à ma fripouille d'assistant qui sera trop heureux de profiter de l'aubaine ! Affolé, je bondis du matelas et me rue sur la porte. Dans le couloir, je vois de dos une donzelle dont la tenue ne laisse aucune place au doute. Avec sa jupe en sky rouge qui ne dissimule rien de ses bas filés, ce n'est clairement pas une princesse Basarab. Pas d'erreur, elle s'arrête bien à la porte maudite. Celle-ci s'entrouvre et la voilà qui entre sans se douter du triste sort qui l'attend avec ce sagouin et son pal. Je me résigne et m'apprête à me recoucher quand la lumière du corridor se rallume. Surgit une autre créature attifée avec la même distinction.

Elle me sourit en passant et poursuit son chemin. Il n'a pas osé, l'animal ? Et si ! Elle se rend dans le même antre de toutes les luxures. Mon pourri d'assistant se paie une orgie en territoire étranger au mépris de notre réputation. Comble de la félicité, sa suite est en face de celle du *Liaison Officer*. Il ne me reste qu'à espérer que celui-ci ait le sommeil lourd.

Le lendemain, entre le café et les croissants, je le considère d'un œil sévère sans faire de commentaire, mon assistant défroqué. Il a les paupières lourdes et les traits tirés. Pour autant, il a aussi l'œil joyeux et polisson. Il s'en est payé une bonne tranche et, bien qu'il se doute que je suis au courant de ses turpitudes, il s'en fout. Il faut bien admettre qu'il n'a pas de compte à me rendre sur le contenu de ses nuits après tout. On n'est pas à l'armée et je ne suis pas son supérieur. Le *Liaison Officer*, qui prend son petit déjeuner avec nous, est particulièrement guilleret et amical ce matin. Presque à se demander s'il n'a pas, lui aussi, batifolé sans retenue. Toujours se méfier de l'eau qui dort. Si ça se trouve, je suis le seul con autour de la table à n'avoir pas profité des joies des filles des Carpates. Ça m'apprendra à faire dans la paranoïa cocardière.

Cela dit, à 1000 dollars la demoiselle, je ne regrette qu'à moitié d'être resté sage. À notre modeste échelon européen, le déplacement ne rapporte pas une fortune. En tant que central, je suis payé 1200 euros. Soit moins que pour un match de Ligue 1.

Mes assistants perçoivent la moitié, soit 600 euros. Alors, si ce saligaud a fait défiler une ribambelle de tapins tout en arrosant ça de champagne, l'opération est aussi blanche que sa nuit. Mais ça ne semble pas le tracasser beaucoup... Il faut croire que le service était de qualité.

Si ce n'est pas encore la panacée question pognon, je ressens les effets de ma promotion dès la reprise de la Ligue 1. Il attire indiscutablement les regards, l'écusson FIFA. Peut-être qu'il me donne en outre un surcroît d'assurance, mais les rapports avec nos joueurs sont brusquement plus faciles. Les stars naguère dédaigneuses deviennent plus conciliantes et les besogneux du bas de tableau sont parfois impressionnés et contents que la Ligue leur attribue un arbitre de ce rang. Je me sens comme protégé par un halo de respectabilité des plus agréables. Jamais en retard d'une flagornerie potentiellement utile, Jean-Michel Aulas me félicite chaleureusement quand je retourne dans la capitale des Gaules. D'autres présidents et entraîneurs me manifestent plus d'égards ou crient un peu moins fort...

En revanche, fidèle à lui-même, Loulou Nicollin s'adresse à moi comme avant et comme il s'adresse à ses éboueurs ou au président de la République. Constant dans sa gouaille affectueuse nonobstant les décorations et les couronnes, et c'est ce qui fait sa gloire. D'autres ont également l'indiscutable mérite d'une stabilité dont on se passerait cependant très bien. Les meilleurs amis de la profession d'arbitre tels que René Girard ou Michel Der Zakarian persistent dans l'invective hystérique sans se préoccuper des fluctuations de ma carrière. On pourrait me sacrer empereur que ça ne les empêcherait pas de me traiter de tous les noms. Pas du tout sensibles aux titres, ces deux-là, il faut le leur reconnaître.

Hormis ces forcenés de la gueulante, les atours d'international me permettent d'œuvrer plus sereinement. En fait, il n'y a que chez quelques homologues que je constate avec étonnement une hostilité latente. De vagues jalousies existent toujours dès lors que l'on s'élève quelque peu. Mais le phénomène s'accroît de façon notable quand on s'expatrie de temps en temps. Pour la première fois de ma carrière, on me fait remarquer mes erreurs. C'est pourtant une règle aussi tacite que sacrée entre hommes en noir. Entre les joueurs, les entraîneurs, les dirigeants, les supporters et les journalistes, ils sont bien assez nombreux à nous vouer aux gémonies quand on se plante pour que l'on n'en remette pas des couches entre nous. Une solidarité inébranlable est supposée nous lier sur ce point. Or, lors d'un rassemblement suivant de peu mes premières migrations, j'entends l'un de mes pairs me faire cette remarque, avec une jubilation contenue : « Eh ben, ça n'a pas été simple l'autre jour à Monaco, hein ? » C'est si inattendu que je reste sans réaction. Par la suite, d'autres réflexions du même acabit me parviendront jusqu'à ce que je n'y prête plus aucune attention. L'un de ces grincheux désigne même ma pauvre voiture sur le parking de Clairefontaine en claironnant : « Ça marche bien pour toi, dis-moi ! » Alors que mon Audi ne bouge toujours pas de mon fief et que je viens aux séminaires avec le même véhicule hautement quelconque depuis des lustres. Petitesse des hommes que la rancœur aveugle...

Mais il y a plus grave que la perfidie verbale. Je subodore chez certains tristes sires une volonté de savonner la planche des copains qui surfent sur une trop jolie vague. Ainsi, j'ai un jour un quatrième que je considérais comme un bon pote. Le genre de type avec qui on apprécie de boire un canon sans être vraiment intimes. J'avais bien noté que ce camarade s'assombrissait vaguement à mesure que s'éloignaient ses rêves de splendeur. Pour autant, je n'aurais pas imaginé que le désenchantement le pousse à me faisander un match de façon à l'évidence délibérée. C'est une rencontre plutôt bouillante dans le Sud et les deux bancs n'ont de cesse de se hurler dessus. Moi aussi, je m'égosille dans mon micro et l'exhorte à mettre de l'ordre dans cette volière infernale. « T'inquiète, je maîtrise », qu'il me répond à chaque fois. Seulement, il ne maîtrise rien du tout et ne fait absolument rien pour. Ses efforts se bornent à faire des signes apaisants des mains comme un prof démissionnaire face à une classe de SEGPA déchaînée. Fatalement, le laxisme se paie aussi au bord des terrains et tout ça se termine en bagarre générale avec le renfort des joueurs en bonus. Et qui est-ce qui se fait taper sur les doigts par l'observateur après ce désastre pour ne pas avoir été foutu de tenir son match ? Ça a dû bien le faire marrer.

Bien sûr, ces cas sont rarissimes et la conscience professionnelle l'emporte presque toujours sur le ressentiment. Mais un seul fait de ce genre suffit à donner des envies d'évasion. Ce qui tombe plutôt bien vu que je me déplace de plus en plus régulièrement. Je ne vais pas forcément plus loin, mais incontestablement plus haut. Là où l'on fait des rencontres qui valent le détour dans tous les domaines.

CHAPITRE 7
PRESQUE TOUT EN HAUT

En Europa League, les préliminaires ne se prolongent pas indéfiniment. Suffisamment toutefois pour faire le tour de quelques autres enceintes déprimantes dans le style du stade du 23 Août. Que ce soit à Varsovie, Donetsk ou Tetovo, on a tout loisir de mesurer les disparités économiques du Vieux Continent. Bien que concernant théoriquement l'Europe entière, ces préambules semblent se dérouler principalement derrière l'ancien rideau de fer. Ce ne sont pas les destinations les plus réjouissantes qui soient, mais ça permet au moins à mon assistant de faire prospérer la prostitution locale et d'aggraver lourdement son cas dans l'attente du jugement dernier.

Laissant cette âme égarée à son sombre destin, c'est sans mes précieux seconds que je vais faire la découverte de l'un des plus beaux écrins du football mondial. C'est la première fois depuis bien longtemps que je me retrouve quatrième arbitre mais ça n'a rien d'une régression. En tant qu'international de catégorie 2, c'est l'une des possibilités qui me sont offertes auprès de trios de rang supérieur. Trois compatriotes plus chevronnés qui me font un accueil admirable et m'emmènent dans leurs bagages en direction de Glasgow pour un seizième de finale d'Europa League. Je ressens un petit pincement au cœur à l'idée de franchir seul l'étape des barrages, mais je me console en me disant que je m'aventure en éclaireur avant de revenir flanqué de mon équipe.

Bien que régulièrement rénové jusqu'au début des années 2000, le Celtic Park remonte à la fin du XIXe siècle, 1892 précisément. En dépit de sa modernité, on ressent le poids des ans et de la tradition sitôt que l'on se retrouve face à cette cathédrale. Un lieu chargé d'histoire où les héritiers des immigrés irlandais fondateurs du Celtic FC tâtent le cuir depuis près de cent vingt ans. L'un des berceaux de notre sport bien-aimé, en somme.

J'ai d'autant plus le loisir de savourer cette architecture et ce parfum de légende que la pression est moindre en tant que quatrième. Bien que je prenne mon rôle au sérieux et ne compte nullement saborder le match de mon central... Mais je suis tout de même détendu et peux profiter pleinement de l'ambiance. Et je vais en prendre plein les écoutilles.

Il y a d'abord cet hymne qui retentit alors que les deux équipes pénètrent sur le terrain. Ce n'est certes pas celui de la Ligue des Champions pour lequel je vais devoir attendre encore un peu. Mais ça résonne quand même drôlement dans ce temple vert et blanc. Même sur la touche où je me trouve, on sent tout le poids de l'événement. Bien que cette compétition soit parfois dédaignée, il faut être au Celtic Park à ce moment précis pour réaliser que c'est bel et bien la coupe d'Europe et qu'il y a de la magie dans l'air.

L'émotion atteint cependant un tout autre degré quand les supporters écossais prennent la suite de la programmation musicale. On associe le plus souvent *You'll Never Walk Alone* à Liverpool mais le Celtic en a également fait son antienne depuis des lustres. Tout comme d'autres clubs européens tels que le Feyenoord Rotterdam, Bruges ou le Borussia Dortmund. Je n'ai pas eu l'occasion de comparer les mérites de toutes ces chorales mais il est certain que les *Bhoys in green* placent la barre très haut. Il m'est arrivé de frissonner à Bollaert ou dans le Chaudron, mais c'est nettement la deuxième division en comparaison. Ici, c'est beau et harmonieux comme le chant de vieux druides celtes. On peine à croire que le refrain soit entonné par quelques dizaines de milliers de mecs gorgés de houblon. Un genre de miracle artistique qui ne peut que donner la chair de poule. Et ces ténors improbables se distinguent aussi de leurs homologues lensois ou stéphanois par le soutien indéfectible dont ils font preuve quelles que soient les circonstances. Ce soir-là, leurs favoris sont malmenés. Ils prennent un but assez rapidement et ont le plus grand mal à retrouver le fil de leur jeu. Sans que cela altère le moins du monde la ferveur populaire. Même quand leur pataud avant-centre croque deux énormes occases coup sur coup, on entend à peine une protestation tomber des tribunes. Ce qui domine, ce sont encore et toujours ces mélopées sublimes bruyamment susurrées par trente-cinq mille bardes rougeauds.

Du coup, on est content pour eux quand ils reviennent au score en fin de match et entretiennent l'espoir en vue du retour. Rien que pour entendre cette clameur, ça aurait presque valu le coup de leur offrir un petit péno discret. Mais ils n'ont pas eu besoin de notre aide. Leur gros cœur nourri des sérénades de leurs adorateurs suffit à renverser des montagnes. Un club et un public définitivement à part.

On est tous en pamoison quand on rentre à l'hôtel. C'était la première au Celtic Park pour chacun d'entre nous et c'est le genre de baptême qui marque. À tel point que notre central tient absolument à faire l'expérience des nuits locales pour tenter d'y retrouver cette chaleur incomparable. Mais la virée s'avère des plus sages. Une ou deux pintes dans un pub et on rentre faire dodo. Et je sens bien qu'on est déjà dans l'exceptionnel par rapport à leurs habitudes. C'est peut-être ce qui explique un parcours nettement plus valorisant que celui de ma propre escouade.

Cette modération semble en tout cas porter ses fruits et j'ai le bonheur de les suivre sur d'autres théâtres d'opération. À mesure que le niveau augmente, l'hébergement suit le mouvement. Ça devient un rituel jubilatoire, en débarquant dans une nouvelle ville, de découvrir l'auberge que nous a dégottée l'UEFA. On voit des choses extravagantes, comme les suites de notre palais à Moscou. Celle du central fait plus de quatre-vingts mètres carrés et comprend deux chambres, deux salons et deux salles de bain. L'un des assistants fait observer que c'est plus grand que son propre appart. Nous autres, nos piaules sont un petit peu moins somptueuses mais tutoient quand même les cinquante mètres carrés. De quoi convier une mignonne slave sans que la promiscuité soit suffocante... Mais ces réjouissances ne font décidément pas partie des mœurs de mes brillants mais austères collègues.

En matière de gîte, le fin du fin reste l'Intercontinental d'Istanbul. Ce splendide estaminet byzantin correspond en outre à mes débuts en Ligue des Champions. Toujours en tant que quatrième arbitre de ce compatriote qui n'en finit plus de gravir les échelons et de me charrier dans son sillage. Bien qu'il ne soit pas encore Top List, ses prouesses l'autorisent à diriger quelques matchs de poule de la coupe aux grandes oreilles. Grâce lui soit rendue. C'est peut-être aussi pour ça que les lieux me semblent aussi resplendissants. Je leur attribue un peu du cachet de l'événement. Mais il en jette quand même, l'Intercontinental. Depuis nos suites, on a une vue imprenable sur le mythique stade Inönü qui jouxte le détroit du Bosphore, la frontière entre Europe et Asie. C'est la résidence du Besiktas, où l'on s'apprête à opérer le soir même. Une fois encore, je vais marcher dans les pas du regretté Michael Jackson qui s'y est produit en 1998. Il sera remplacé quelques années plus tard par une enceinte plus moderne répondant au nom hideux de Vodafone Park. Comme quoi le capitalisme s'y entend aussi pour enlaidir le monde. Enfin, indépendamment du nom de leur stade, les supporters turcs sont réputés pour être parmi les plus bouillants d'Europe et l'expérience promet d'être exaltante. Pour se remettre de notre émoi, nous pourrions profiter de l'immense bar situé au dix-septième étage de l'hôtel et dont les cocktails sont réputés sur tout le continent. Mais c'est une perspective qui ne fait sans doute saliver que moi.

Dès l'échauffement, le vacarme nous prend par surprise. Non pas le brouhaha habituel en pareil cas, mais des encouragements qui descendent déjà des travées. C'est la première fois que j'entends un public chanter vingt minutes avant le coup d'envoi. Même les fans du Celtic sont encore en train de siffler leur dernière bière à une heure pareille. D'après un assistant un peu voyageur, la passion des Turcs pour le ballon n'a d'équivalent qu'en Amérique du Sud. Par ailleurs, bien que de regrettables antécédents leur valent une réputation de trouble-fête, ils semblent plutôt bon enfant. À notre grand étonnement, il y a d'ailleurs beaucoup de femmes dans les gradins. On est très loin de la meute incontrôlable que le passif des clubs turcs pouvait nous faire redouter. Sur le plan de l'ambiance au moins, la soirée se présente sous des auspices mémorables.

Un bref aller-retour au vestiaire et le moment tant attendu arrive. Je vais enfin entendre l'hymne mythique ailleurs qu'à la télé. Les joueurs et mes collègues entrent sur le terrain tandis que s'égrènent les premières mesures. Pour ma part, je reste à quai. Toujours confiné entre les deux bancs de touche. Mais ça ne retire rien à la pure magie de ces quelques secondes. Je mets au défi quiconque de ne pas avoir les poils au garde-à-vous au cœur d'une telle arène quand retentissent les notes les plus fameuses de notre sport. J'en ai presque la gorge nouée pour notre central, dont j'imagine que les sensations dépassent de loin les miennes. Je devine son enchantement mêlé de crainte. Quelque chose de comparable à ce que j'avais moi-même ressenti ce dimanche soir au Parc des Princes pour mon initiation au Grand Match de Canal +. L'extase et l'angoisse qui vous prennent en étau. Mais il est passé par là lui aussi et sait comme moi que ces choses-là se consument dans le feu de l'action. Sans doute a-t-il même les nerfs plus solides. Ce qui expliquerait en partie qu'il soit sur la pelouse et moi à côté. Bien que je n'aie pas encore dit mon dernier mot...

Si mon émotion est vive en cet instant, elle ne saurait totalement égarer mon jugement. La puissante sono du stade me permet de distinguer assez clairement les paroles qui accompagnent la glorieuse mélodie. Sur mon canapé, j'avais toujours cru percevoir d'obscures incantations en latin ou quelque sabir médiéval. Maintenant que mes vadrouilles m'ont fait acquérir quelques notions de langues étrangères, je m'aperçois qu'il n'en est rien et qu'il s'agit d'une alternance de français, d'allemand et d'anglais. Un texte, il faut bien l'avouer, d'une niaiserie affligeante. « Ce sont les meilleures équipes, toutes les meilleures, l'événement principal, les maîtres, les meilleurs, un grand événement sportif, les champions... » Il était sacrément inspiré, le Britannique Tony Britten à qui on doit le chef-d'œuvre ! De toute évidence, mieux vaut qu'il se consacre uniquement à la composition sans trop se préoccuper d'écrire. À côté, *Allez les Verts* de Monty, c'est du Brassens.

Réflexion dont je fais part à mes compères une fois de retour au calme du luxueux bar de l'hôtel. Mais ils ne m'écoutent pas vraiment. En pleine torpeur, les mecs. Tout s'est très bien passé mais ils sont complètement vidés. Apparemment, l'intensité de la Ligue des Champions ne relève pas du mythe. Je me sens un peu exclu, du coup. Il n'y a pas eu d'incident à déplorer dans ma zone et j'ai pu savourer le spectacle sans trop me fatiguer. Ça me donne l'impression d'être un genre de planqué avec ces trois cadavres à mes côtés. Comme s'ils revenaient du front en charpie alors que j'étais à l'arrière à préparer la tambouille. Plutôt déplaisant comme sentiment.

Ils discutent entre eux de certains faits de jeu dont je n'ai été qu'un observateur lointain, échangent leurs ressentis de terrain sans s'enquérir de mon avis... Si bien que je commence à l'avoir mauvaise et décrète qu'il serait grand temps de boire un coup plutôt que de causer. Cette fois, on prend mon avis en compte. Mais on sera bien loin d'explorer tous les secrets de la carte. Un cocktail et extinction des feux. La marche vers la gloire semble être à ce prix.

En dépit de leurs us et coutumes de mormons, je passe du bon temps avec ce brillant trio. S'il me tarde de prendre du galon et d'emmener mes propres troupes au sommet de l'Europe, je mesure ma chance de bénéficier de cet accessit et de profiter des joies du top niveau. Les beaux voyages, les cocktails même avec parcimonie et les palaces de rêve même si on y dort seul... Ce qui me frustre un peu, c'est de ne pas avoir croisé de stars mondiales. Même en Ligue des Champions, Besiktas, le Spartak Moscou ou Anderlecht, ce n'est pas encore le gratin. À cette époque, aucun généreux mécène ne s'est encore penché sur les berceaux de Paris et de Monaco et la Ligue 1 est en friche question vedettes. Nos plus grandes sommités ces années-là se nomment Pauleta, Juninho, Meriem ou Zenden... Ce n'est pas leur faire injure que de dire que ce n'est pas tout à fait la fine fleur de la planète foot. Depuis Ronaldinho, je n'ai pas eu l'occasion d'approcher un autre joueur voué à finir dans les livres d'histoire de la discipline. J'ai peut-être un côté midinette là-dessus, mais c'est aussi ça la part de rêve inhérente au sport de très haut niveau. Pouvoir un jour dire à mon petit-fils : « Tu vois le gars à la télé ? Eh bien papy lui a mis un jaune un jour ! » Manière de rester encore intéressant à ses yeux dans les misères du grand âge... Quelle que soit la fonction, quand on vise le sommet, c'est aussi pour se confronter aux meilleurs et emmener avec soi quelques souvenirs.

Ce fantasme va bientôt être assouvi et je vais même pouvoir emporter une jolie relique. Car mon généreux central n'en finit pas de se faire une place au soleil et semble apprécier ma compagnie. Je me sens dans la peau d'un remora, ces poissons parasites qui vivent accrochés à un requin pour en becqueter les restes, mais je n'en prends pas ombrage, toujours convaincu que je suis que mon heure viendra. D'ici là, je profite de l'aubaine et j'apprends. En l'occurrence, la fortune nous sourit à pleines dents. Il se charge lui-même de m'annoncer notre prochaine étape. Ce sera en Catalogne et il y aura quelques types vaguement connus.

Dans le vestiaire, alors que le coup d'envoi approche, j'ai comme un vertige en énumérant les noms sur la feuille de match. Cette fois, on y est pour de bon. Le Barça affronte un adversaire de seconde zone dont il ne devrait faire qu'une bouchée mais, Ligue des Champions oblige, tout le monde est sur le pont. Quelle équipe, nom de Dieu... Il n'y en a pas un dans le onze de départ qui ne soit pas titulaire en sélection.

Et pas en équipe d'Autriche ou de Corée du Sud. Des piliers de la Roja naturellement, mais aussi du Brésil, de la France et... de l'Argentine. Le gamin d'à peine plus de vingt ans qui est déjà considéré comme le meilleur joueur du monde. Là, on va avoir des choses à raconter.

C'est son numéro 10 que choisissent tous les membres de notre équipe quand un émissaire barcelonais vient nous proposer un maillot blaugrana en cadeau. C'est une tradition du club. Les arbitres repartent avec une tunique floquée au nom du joueur de leur choix. Il faudrait avoir mauvais esprit pour y voir une tentative de nous amadouer. Cette généreuse habitude n'a d'ailleurs jamais été remise en question par qui que ce soit. Reste qu'il me prend l'envie idiote de me distinguer. Messi, c'est trop évident et je me veux original ce soir-là. Je décide d'avoir un coup d'avance et d'opter pour la relève. Pour moi, ce sera Bojan, le prodige hispano-serbe promis à un avenir radieux. On peut dire que j'ai du flair.

Dans le couloir, on est surpris de découvrir sur notre droite une pièce dont on apprend qu'il s'agit d'une salle de prière. On est d'ailleurs autorisé à s'y recueillir avant d'entrer en scène au même titre que les joueurs. Venus de notre pays laïc, on ne se voit pas vraiment se livrer à des rites religieux dans le cadre d'un événement public. Mais on jette tout de même un œil curieux à l'intérieur de cette chapelle où trône la vierge noire de Montserrat, patronne de la Catalogne. Histoire, peut-être, de lui demander de veiller sur nous...

Car il peut faire frémir, le Camp Nou. Ne serait-ce que par sa taille. Près de cent mille places et une configuration qui lui donne des allures de cirque romain. Avec nous autres dans la peau des gladiateurs potentiellement voués au sacrifice. On monte encore d'un cran dans l'intimidant par rapport à Glasgow et Istanbul. Stade mythique et Ballons d'Or futurs ou passés. Je ne peux pas m'empêcher de donner une petite tape fraternelle sur l'épaule du central avant le passage de l'ombre à la lumière. Familiarité dont je ne suis pas coutumier mais qui me semble s'imposer dans le contexte.

Notre leader a la même chance que moi avec le merveilleux Ronnie quelques années plus tôt. À savoir que celui qui attire tous les regards est un délice et l'exact contraire d'un emmerdeur. Il faut dire que le Brésilien avait pris Messi en affection lors de ses débuts à Barcelone. Possible qu'il l'ait influencé dans sa manière de refuser toute comédie et de se contenter de jouer envers et contre tous. À l'instar de son aîné, la *Pulga* déploie toute son énergie à rester debout coûte que coûte. Ce qui implique cependant la même difficulté que j'avais éprouvée avec son ancien mentor. Quand siffler ? Il subit des fautes évidentes à chaque fois qu'il porte le ballon mais ça l'indiffère et il veut aller au bout de son projet. Il faut donc retenir son souffle jusqu'à ce qu'il ne puisse faire autrement que de chuter. Suite à quoi il se relève sans dire un mot. Seul dans son univers, uniquement préoccupé du ballon et du but adverse qu'il finira bien par atteindre. Une sorte de solitude habitée qui doit être le propre du génie.

À la même époque, on commence à découvrir en Ligue 1 un autre soliste hors pair et partageant la conduite admirable de ses deux glorieux aînés. Eden Hazard appartient à la même famille des amoureux du jeu qui ne courent pas après les coups de sifflet. Il est sur la pelouse pour faire ce qu'il aime et non pour grappiller des coups francs comme un vulgaire épicier. Philosophie qui s'accompagne toujours des meilleures manières qui soient. Avec ces joueurs-là, on est à un niveau de distinction qui fleure bon l'aristocratie.

Cette attitude ne caractérise toutefois pas tous les géants. Et je commence à en fréquenter quelques-uns, toujours à la remorque du collègue en pleine ascension. Notamment le grand rival de Leo. L'autre Ronaldo, que notre quatuor dirige avec le Real. Lui, ça le dérange moins de salir son short en faisant quelques roulades. Ni de protester amèrement quand le coup de sifflet espéré n'arrive pas. C'est un autre genre de phénomène que l'Argentin ou le Belge. Il tient plus de la machine que de l'extra-terrestre. Il est plus mécanique et moins aérien. On sent davantage le travail derrière la réussite chez lui. Il est plus humain en somme. Plus humain et, par conséquent, plus chiant. Il réclame, il conteste... Il fait ce qu'il estime devoir faire pour parvenir à ses fins. C'est un perfectionniste exigeant et parfois pénible mais surtout pas un hystérique. Le souci qu'il a de son image n'est pas un mystère et il se comporte toujours en gentleman même au plus fort de ses récriminations. Pas du style à éructer des « *hijo de puta* » de dépit comme les ersatz de rappeurs foireux que l'on subit chaque week-end de Ligue 1. Cristiano, qu'il geigne ou qu'il exulte, ça reste la grande classe.

Si ces trois-là s'avèrent conformes à l'image que l'on peut en avoir a priori, d'autres nous surprennent, et plutôt positivement. C'est le cas de Samuel Eto'o en particulier, alors qu'il porte les couleurs de l'Inter. Quand on voit l'attaquant camerounais en interview, on a vite fait de se figurer un type arrogant pas forcément évident à gérer. Il partage avec Ibrahimovic cet ego très affirmé qui fait craindre un bonhomme assez déplaisant. Mais on peut être fier de soi sans mépriser les autres pour autant. C'est la leçon qu'il nous donne ce soir-là. Bien sûr qu'il bombe le torse et que ça lui plaît d'être ce personnage de légende. Le lion indompté par excellence, qui exige le respect et ne baisse les yeux ni devant Guardiola ni devant Mourinho. Mais ça ne l'empêche pas d'avoir de la considération pour ses frères humains et de se montrer adorable. Non seulement il fait preuve d'une correction sans égale sur le terrain, mais il se fend d'un geste des plus élégants après la partie en donnant son maillot nerazzurro à notre central. Sans autre motif apparent qu'une solidarité de francophones. En conclusion, il a de très bonnes raisons d'être satisfait de sa personne.

Quant à Franck Ribéry, on le connaît déjà un peu suite à ses années messines et marseillaises. Mais c'est un homme plus accompli et serein que l'on retrouve à Munich. Un peu chien fou à ses débuts, il a logiquement gagné en maturité et en assurance sans devenir prétentieux pour autant. C'est un personnage complexe et très éloigné de l'autiste à moitié demeuré que certains imaginent. Un type de cet acabit ne serait de toute façon pas devenu un cadre du Bayern. Et c'est ce qu'il est sans l'ombre d'un doute, Kaiser Franck. Ce n'est pas seulement le dynamiteur offensif et l'animateur de vestiaire auquel on pourrait être tenté de le confiner, mais un authentique taulier du groupe. On le constate pour notre plus grand bénéfice puisqu'il nous sert de relais auprès de ses jeunes coéquipiers qui ont tendance à un peu trop mettre le pied. Dans un allemand impeccable, il les recadre et assure le central qu'ils se tiendront désormais à carreau. On ne peut que déplorer qu'il n'ait pas usé de la même autorité en bleu, mais c'est un autre sujet.

Si les retrouvailles avec les joueurs français sont généralement un bon moment pour eux comme pour nous, il y a des exceptions. Certains ne prennent aucun plaisir particulier à croiser un concitoyen loin de chez eux. Il est vrai que la fibre patriotique de Nicolas Anelka s'est assez rarement manifestée. Mais je suis malgré tout étonné de sa réaction lorsque je lui fais part de mon plaisir de le rencontrer en contrôlant ses équipements dans les couloirs de Stamford Bridge. C'est-à-dire qu'il ne réagit pas du tout. Il ne prononce pas un mot et n'a pas un regard en ma direction. D'accord, je ne suis que le quatrième arbitre, mais je reste un être humain ! Pas à ses yeux, apparemment. Ça doit être sa façon à lui de glisser une quenelle au corps arbitral.

Dans le genre gougnafier, il a un sérieux challenger avec Samir Nasri. Lui non plus n'aime pas tellement dire bonjour. En revanche, pour ce qui est de jacter, il se rattrape sur l'admirable gazon de l'Emirates Stadium d'Arsenal. Il fait vivre un enfer au central en passant son temps à critiquer toutes ses décisions. À tel point qu'on s'imaginera par la suite qu'il devait être frustré de ne pas pouvoir le faire en anglais le reste du temps et qu'il lui fallait se rattraper. Il n'échappera à la biscotte que parce qu'Arsène Wenger a le bon goût de le sortir avant. On l'aperçoit sur le parking après le match, sans envie excessive d'aller tailler une bavette. On n'en aurait de toute façon pas eu le temps. Un voiturier lui amène sa Bentley séance tenante pour qu'il évite de se fatiguer en marchant jusqu'à sa place. Le pauvre bougre n'aura droit ni à un « merci », ni à un « bonsoir ». La starlette s'engouffre dans son véhicule et disparaît. Il y a comme ça des joueurs qui préfèrent ne s'exprimer que sur le terrain.

En dépit de ces rares déceptions, chacune de ces aventures sur le toit de l'Europe se révèle fascinante. L'excitation qui entoure ces matchs-là n'a aucun équivalent à l'échelle nationale. On comprend dès lors pourquoi de nombreux footballeurs français sont si avides de s'expatrier et de rejoindre ces clubs hors normes. Ce n'est pas qu'une question d'argent, loin s'en faut.

Ce qui me chagrine, c'est de ne vivre ces odyssées qu'en tant qu'auxiliaire. Ce que je ne voyais que comme une étape se prolonge douloureusement. Mes sorties internationales en tant qu'arbitre principal se bornent toujours à des barrages d'Europa League. Ça m'embarrasse vis-à-vis de mes assistants, auxquels j'avais promis la grande vie à brève échéance. Ils m'avaient cru, les potes, mais ils sont bien obligés de prendre acte de notre stagnation.

Comme pour me faire pardonner, je relâche un peu la discipline lors de nos trop rares évasions. Je pourrais prendre exemple sur mes nouveaux collaborateurs mais je pressens que la différence entre eux et nous ne se borne pas à notre appétence pour les plaisirs de la vie. On devine qu'on pourrait se faire moines sans que ça ne change grand-chose à notre destin européen. Alors, le désarroi aidant, la volonté de perpétuer des efforts si peu payants s'émousse. Et en avant les tournées des bars, les boîtes et les nanas gratuites ou rémunérées ! Quelle différence ça fait, de toute façon ? Dans la mesure où je ne progresse pas, il y a des chances pour que mon badge fasse long feu. Perdu pour perdu, autant profiter sans retenue.

Maintenant que l'on s'engage sur cette pente glissante, on regrette de connaître le niveau international un peu tard. Avant la prise de pouvoir de l'austère Volker Roth sur la commission d'arbitrage de l'UEFA, les déplacements offraient davantage de possibilités en matière de rigolade. Au gré de mes échanges avec les anciens autour des matchs ou lors des séminaires, je m'instruis des drôles de mœurs de cette époque bénie pour l'homme en noir pas trop clair. Une époque pas si éloignée où l'on pouvait rentrer à la maison les bras bien chargés sans faire usage de son portefeuille. L'accueil des arbitres n'était pas encadré et c'est le club qui se chargeait directement de faire passer le meilleur séjour possible à son hôte. Ça peut éventuellement vous éclairer sur quelque décision douteuse dont a pâti votre équipe favorite lors d'un périple fatal... Je ne citerai pas d'exemple précis pour ne pas tomber sous le coup de la diffamation mais beaucoup d'entre vous gardent sans doute en mémoire certaines de ces bizarreries. Elles peuvent s'expliquer par une balade en ville la veille du match, lors de laquelle l'arbitre avait flashé sur un splendide manteau de vison dans une vitrine. À ses côtés, un dirigeant du club s'empressait de régler la note pour le plus grand plaisir de madame. Geste aussi généreux que le penalty sifflé le lendemain pour les locaux... Et pour le bonheur de monsieur, une ou plusieurs filles pouvaient l'attendre dans sa chambre pour le remercier de ses bons offices et s'assurer de son bien-être. En son temps, notre incorruptible aîné Stéphane Moulin avait envoyé un rapport salé à l'UEFA pour se plaindre de ces largesses. Ça ne lui avait pas plu du tout qu'on lui propose ce genre de rémunération complémentaire. Il ne mangeait pas de ce pain-là et c'est tout à son honneur. Il n'empêche que son courrier avait fait grand bruit au sein de la corporation. Ses copains l'avaient mauvaise qu'il balance ainsi leurs petites compensations inoffensives et il était passé pour un rabat-joie auprès des confrères qui en croquaient sans trop se tracasser la conscience.

Avec mes acolytes, en somme, on arrive après la fête. Si nos charmes naturels ne suffisent pas à convaincre, il faut qu'on allonge nous-mêmes les biffetons pour goûter l'autochtone. Parfois, c'est un vrai budget... Et il arrive aussi que les arguments économiques ne suffisent pas. Comme dans ce rade douteux à Sofia où l'on reste sur notre faim. On règle quelques bouteilles de champagne et un bonus pour un strip-tease dont on imagine l'épilogue réjouissant. Trois canons bulgares surgissent et commencent à s'effeuiller sous nos regards concupiscents. Ça se déhanche et ça se frotte en retirant leurs vêtements un à un. Quand le string ultime échoue sur le sol pour révéler la cible, on interprète ça comme le signal de l'offensive. Hélas, la première main posée sur une adorable paire de fesses provoque un tollé. « *You can look but you can't touch!* » proteste le taulier. Tu ne pouvais pas le dire avant, mec ? Tu crois qu'on aurait raqué trois cents balles juste pour le coup d'œil ? Après avoir dit notre façon de penser à cet escroc, on plie nos gaules considérables et on débarrasse le plancher. Et nous voilà au petit matin dans Sofia qui s'éveille, encombrés d'une trique sévère et décidés à la soulager malgré tout. Incomparable chien truffier, mon assistant mène l'enquête. Mais les dieux nous sont hostiles ce jour-là. Dans une ville aussi réputée pour ses putains que Montélimar pour son nougat, on trouve le moyen de faire chou blanc. Une prouesse. Il ne nous reste qu'à regagner nos quartiers dans une pesante atmosphère de défaite.

C'est ce soir fatidique que je décide de tourner le dos à ces bêtises. J'interprète ce fiasco comme un signal. Celui de la fin de la fête et de l'adolescence attardée. J'ai eu mon compte et je vais faire comme les potes raisonnables. Perpétuer l'espèce avec le concours d'une gentille fille de chez nous qui veillera sur moi dans mes vieux jours. Décision d'autant plus impérieuse que la fin de l'aventure internationale se précise et que mes vadrouilles hexagonales vont elles aussi connaître un terme. La sédentarité qui s'annonce s'accorde mieux à une vie rangée. Je siffle donc la fin de ma récréation d'homme.

Excellent timing, puisque la situation va se corser pour les noceurs avec le remplacement de Volker Roth par l'inégalable Pierluigi Collina. L'Italien est sans doute le seul d'entre nous dont le visage soit universellement connu, reconnaissable entre mille à ses yeux proéminents et à son crâne luisant ; une calvitie qui ne relève pas de la coquetterie mais qui est la conséquence d'une vilaine alopécie contractée dans sa jeunesse et qui l'a laissé totalement imberbe. Un mal pour un bien puisque ce look très identifiable a largement contribué à sa renommée. À tel point qu'il a fait la couverture des simulations de foot sur console Pro Evolution Soccer 3 et 4, un privilège d'ordinaire réservé aux joueurs stars. Sauf que lui aussi est une star. C'est peut-être ce statut qui l'encourage à faire montre d'un zèle et d'une intransigeance que beaucoup vont juger disproportionnés. De quoi faire passer le pourtant rigoriste Volker Roth pour un libertaire impénitent.

On a un aperçu de ce qui nous attend dès le premier séminaire international suivant sa nomination. Le ton est donné lors de sa causerie inaugurale. Deux axes principaux en ressortent : nous devons être d'authentiques athlètes de haut vol et nos déplacements seront soumis à un encadrement strict pour ne laisser aucune place à l'ambigüité. Pour résumer, ça va filer droit. Le propos jette un froid sur l'assistance mais on en relativise la portée. Dans toute fonction plus ou moins politique, il est fréquent de prendre une posture de fermeté pas forcément suivie d'effet. Vous allez voir ce que vous allez voir ! Le plus souvent, on ne voit rien du tout. Alors attendons avant de s'affoler.

Le lendemain matin, Collina joint le geste à la parole. Il crée la stupéfaction en se rendant personnellement à la pesée rituelle. Et il se charge lui-même de vérifier le poids indiqué par la balance et de le comparer avec les données antérieures. Il n'a pas autre chose à foutre ? Aucun de ses prédécesseurs ne s'est livré à une telle mise en scène. C'est sa manière à lui de démontrer que les choses ont changé et qu'il ne s'agissait pas de paroles en l'air quand il parlait de franchir un cap. Il est réellement impressionnant physiquement, Pierluigi, et je me félicite intérieurement d'avoir pris soin de ma ligne quand vient mon tour. Deux types avant moi ont eu droit à une remontrance joviale mais ferme pour quelques centaines de grammes de surcharge pondérale.

Une surcharge dont ils pourront venir à bout sans difficulté avec le nouvel exercice qui nous est réservé. L'*Interval Test* cède sa place au *Yoyo Test*, autrement plus exigeant et qui se rapproche déjà nettement de la maltraitance. C'est un système de navette de deux fois vingt mètres à réaliser avec dix secondes de récupération entre chaque passage. Seulement, les bips s'accélèrent au fur et à mesure et il faut effectuer l'aller-retour de plus en plus vite. Il n'y a pas de limite autre que la résistance à l'effort de chacun. N'étant pas encore tout à fait résigné, je donne mon maximum et ne m'arrête que lorsque je me sens proche du malaise. Cet effort surhumain me permet tout juste d'être dans la moyenne. Ce qui ajoute à mon sentiment général d'avoir atteint le plafond de mes possibilités.

Il n'empêche que je suis à nouveau convoqué au mois de juillet suivant pour ces bons vieux barrages. Je me sens en sursis mais le vis assez sereinement depuis que j'ai renoncé à la débauche. Désormais sans illusion quant à mon futur et sans plus de goût pour les rencontres exotiques, ces déplacements perdent fatalement en attrait.

En profiter pleinement serait de toute façon délicat. Il ne plaisantait décidément pas, le père Collina. Les règles sont désormais drastiques dans tous les domaines. Quand on arrive dans une ville, il n'y a même plus de visite touristique avec le *Liaison Officer*. On reste à l'hôtel jusqu'à l'heure de l'entraînement. Entraînement qui se déroule dans le stade, au même titre que pour les deux équipes. C'est l'une des innovations que l'on peut saluer. Avant, il arrivait fréquemment que l'équipe locale aiguille son adversaire sur un terrain calamiteux pour plomber sa préparation. Quant à nous, on se souciait peu de notre sort et l'on aboutissait au petit bonheur la chance dans des infrastructures souvent indignes du haut niveau. Tout le monde est maintenant logé à la même enseigne avec des créneaux réservés pour chacune des trois équipes. Ce qui permet à chacun des acteurs de prendre ses repères. Une uniformisation des conditions de travail qui constitue un vrai progrès.

Après notre séance, le *Liaison Officer* nous accompagne dans un restaurant du centre-ville pour notre première sortie. Mais ce n'est pas la tournée des grands ducs... Il nous est conseillé d'être très prudents quant à notre menu. Même les huîtres sont à proscrire car trop festives et potentiellement porteuses de bactéries sournoises. On entre dans la tyrannie alimentaire sous l'œil sourcilleux du *Liaison Officer*, dont la nouvelle attribution officieuse est de surveiller nos assiettes. Nos assiettes et nos verres, d'ailleurs. Inutile de dire que le pinard à table a désormais mauvaise presse. Désolation dans nos rangs d'œnologues avertis. On nous conduit dans des guinguettes dotées de caves prodigieuses et on ne peut même pas y faire honneur. Symptôme de l'aseptisation grandissante des temps. Et raison de plus pour avoir moins de regrets si l'aventure internationale tourne court.

Après ce triste dîner, on rentre directement se coucher. Là-dessus, rien de nouveau sous le soleil. Même avant Collina, on savait se tenir et il ne nous venait pas à l'esprit d'aller faire la bringue la veille des matchs. Surtout qu'il fallait que je me lève tôt pour le briefing au stade. Mais celui-ci est maintenant assuré par l'observateur. Pour autant, je ne peux pas m'autoriser de grasse matinée interminable. Le briefing est remplacé par une session vidéo que j'ai préparée en amont. Présentation et analyse des enjeux tactiques de la rencontre. On reconnaît bien là la patte italienne. C'est aussi à mettre à son crédit, pour être juste. Nos amis transalpins font ça depuis longtemps et ils ont raison. Pour comprendre la dynamique et le déroulement d'un match, il faut connaître les stratégies des équipes et le tempérament des joueurs comme de leur entraîneur. L'arbitrage moderne ne peut pas faire l'économie de ce savoir préalable. Même en France, on commence à y venir à la même période.

Ce n'est qu'après cette séance que l'on est autorisés à faire un peu de tourisme. Une petite excursion en ville avant le déjeuner à l'hôtel et la sieste. Ensuite, cap sur le stade, match et retour à la bergerie sans escale. Bien que l'on soit toujours hébergés comme des princes, on se sent comme en exil. Reclus dans notre prison dorée. Avec le *Liaison Officer* de malheur pour surveiller nos faits et gestes. La situation est passablement infantilisante. Obligés que l'on est de faire le mur si l'on veut se distraire. On se croirait des lycéens en voyage de classe et notre statut semble trop précaire pour s'autoriser la moindre fantaisie.

L'excès de contrainte engendre fatalement le désir de transgression. En particulier chez un être aussi peu recommandable que mon assistant. C'est à Reykjavik que va se nouer le drame qui va définitivement sonner le glas de nos ambitions chancelantes.

La veille du match, nous dînons comme de coutume en compagnie du délégué UEFA, du *Liaison Officer* et de l'observateur. C'est ce dernier qui donne le ton de la conduite à adopter. S'il est un peu bon vivant et commande une bouteille de vin, nous pouvons nous permettre de la déguster avec lui. En revanche, si c'est un adepte de l'eau minérale, la sobriété sera la norme pour nous aussi. Ce soir-là, notre hôte est du genre jovial. Un apéritif pour démarrer les hostilités et deux bouteilles de blanc prennent place sur la table. Mon juge de touche y voit un message subliminal qu'il interprète à sa façon. À savoir que tout est permis et que l'on peut ripailler sans retenue sous l'œil bienveillant de notre chaperon. Ainsi, il enchaîne les godets et fait grand honneur à la charcuterie islandaise, convaincu d'avoir reçu le feu vert. Pour conclure son festin, il se permet de commander un digestif qu'il brandit à notre bonne santé sans prendre note de la moue hautement sceptique du délégué qui n'a, lui, pas touché un verre. En mon for intérieur, je me dis qu'il pourrait tout aussi bien porter un toast à la fin de notre carrière internationale.

Le lendemain, je le vois qui se traîne le long de la ligne de touche, notre Gargantua. Régulièrement, il porte la main à son bide où ça semble gargouiller sévère. Le rythme n'est pas tellement élevé mais il sue à grosses gouttes et peine à retrouver son souffle après une course un peu tonique. Je crains fort que notre observateur ne fasse le lien avec le saucisson et le Chardonnay, parce que ce sera compliqué de prétendre qu'il a le mal des montagnes à 0 mètre d'altitude ou qu'il fait une allergie à l'air des fjords. De plus en plus infoutu de se mouvoir au fil des minutes, il a dix mètres de retard sur une action où un attaquant part à la limite du hors-jeu. Quand je l'interroge sur la validité du but, il n'en a pas la moindre idée. Pour nous, ça n'a de toute façon plus grande importance. Hors-jeu, je crois qu'on l'est tous les trois.

CHAPITRE 8
LES INSTANCES

Je ne peux pas dire que je tombe des nues en recevant l'appel de Pascal Garibian. Issue prévisible d'un trop long statu quo avec la goinfrerie inopportune de mon assistant en point d'orgue. Un peu embarrassé, il cherche à mettre les formes mais je comprends instantanément que la messe est dite. Pour autant, ce n'est pas à moi de lui enlever les mots de la bouche et je le laisse se dépêtrer avec son annonce. « Tu comprends, vous avez fait du bon boulot, on n'a rien à vous reprocher... Mais ça fait quatre ans et t'es toujours catégorie 2... Peu de chance que ça bouge maintenant. Le mieux serait peut-être de renoncer au badge et de laisser la place à un collègue qui monte. Ça t'empêcherait pas de rester une valeur sûre pour nous ici. » Le message est clair et il est difficile de protester. Plutôt logique son argumentaire. C'est vrai que j'occupe une place dont je fais un usage assez peu convaincant. Mes petits barrages d'Europa League n'améliorent pas franchement le prestige du football français.

Non pas qu'on ait démérité avec les copains. Globalement, on a toujours eu des évaluations correctes. Mais on n'a pas cassé des briques non plus et l'UEFA n'a pas perçu chez moi le potentiel crack du sifflet que j'imaginais dans mes rêves de grandeur. J'ai eu ma chance et elle s'est envolée. Je peux dire adieu à mes hautes ambitions ainsi qu'aux Olga, Ekaterina et toutes ces bonnes copines de voyage. On a eu de bons moments mais il faut savoir accepter ses limites.

Une fois le choc encaissé, il m'explique la procédure. Il va falloir que je me mette la tête sur le billot tout seul. Dans la mesure où je n'ai pas commis de faute grave, il n'y a pas de raison de me rayer de la liste purement et simplement. Les errements alimentaires d'un juge de touche ne suffiraient probablement pas à me mettre à la porte. Par conséquent, c'est à moi d'écrire un courrier à mon interlocuteur du jour ainsi qu'à son homologue de la CFA, Éric Borghini, pour leur déclarer officiellement que je renonce à ma carrière internationale. Bien sûr, je pourrais refuser. M'accrocher à mon badge chèrement acquis indépendamment des intérêts de la nation. Mais ce serait un assez mauvais calcul. Si Collina, comme je le soupçonne, a eu vent de cette histoire de dîner, je ne suis pas près d'être à nouveau désigné hors des frontières. Mon écusson ne me servira plus qu'à impressionner les relégables en Ligue 1. Relégables que je n'aurai d'ailleurs pas fini d'arbitrer car on me fera payer mon effronterie au niveau national et je pourrai dire adieu aux matchs du dimanche soir. Perdant sur tous les fronts en somme. Le bon sens commande donc d'accéder à la suggestion du DTA et de jeter l'éponge.

La première conséquence de cette dégradation est d'ordre pratique. Les arbitres internationaux jouissent d'une immunité en matière de relégation. Il serait aberrant qu'un mec puisse œuvrer dans les compétitions européennes la semaine et en Ligue 2 le week-end. C'est pourquoi notre élite n'est pas concernée par le jeu des montées et des descentes. Je vais à nouveau devoir me préoccuper de mon classement et craindre pour ma place. Descendu de mon piédestal, je fais mon retour parmi les gueux en proie à l'angoisse de la note. Allez savoir si ce coup dur ne marque pas le début d'une vaste dégringolade... Tout comme un joueur, un arbitre fonctionne aussi à la confiance et la mienne vacille.

Car le retour sur terre est douloureux. Sorti de la brume de mes espoirs enfuis, il me faut bien reprendre le chemin des terrains de Ligue 1. Évidemment, je ne les avais jamais quittés. Mais je les arpentais ces dernières années fort de mon talisman. Le bout de tissu magique qui me rendait quasiment invulnérable. Ma renonciation actée, je vais devoir faire sans ce précieux attribut. Me retrouver à poil devant les joueurs dont je pressens le respect en berne... Le premier soir, c'est un moment pénible de sortir de mon sac ce badge oublié. Pourtant, dieu sait que je l'avais convoité en son temps, ce Fédéral 1 orné du coq et des trois F. Là, je le vois presque comme le sceau de l'infamie. La marque criante de mon échec. J'ai pourtant toujours dans ma besace la belle cocarde FIFA... Ce serait tentant de faire comme si de rien n'était et de continuer à l'arborer sans vergogne. Les joueurs se tiennent-ils au courant des hauts et des bas de notre parcours ? Ça semble très improbable. Sans doute que ça passerait comme une lettre à la poste, ma petite usurpation. Je ne serais d'ailleurs pas le premier à faire dans le déni de réalité. Des collègues sont connus pour ne jamais avoir réussi à se faire à ce changement d'étiquette. Bruno Derrien notamment a paradé avec son insigne international longtemps après en avoir perdu la légitimité. En un sens, je peux le comprendre. La tentation me gagne l'espace d'un instant... Puis je renonce. Le subterfuge me paraît trop minable. Sans parler de l'humiliation si jamais le délégué ou l'observateur m'en faisait la remarque. Je serais contraint de feindre la négligence. Personne ne serait dupe et j'aurais, tout compte fait, l'air bien plus con qu'avec mon badge de la fédé. Mieux vaut assumer et garder la tête haute dans la mesure du possible.

Ce qui s'avère plus délicat que prévu. En entrant sur le terrain, je suis nerveux. Comme convaincu que tout le monde rit à ma botte. Un genre de lépreux exposé aux quolibets de la foule. J'ai beau me persuader intérieurement que je débloque, pas moyen de me départir de cette paranoïa subite.

Je serre la main du Montpelliérain Daniel Congré, sans doute l'un des joueurs les plus sympas du championnat, et lis de la compassion dans son regard. Le genre d'empathie que l'on réserve aux malades en phase terminale. Pourtant, il y a neuf chances sur dix qu'il n'ait prêté aucune attention à ce qui orne ma poitrine. Il a simplement fait preuve de sa politesse et de sa cordialité habituelles. Mais je ne peux m'empêcher de voir partout les signes de mon déclassement. Quand un joueur conteste ma décision, je me dis qu'il n'aurait pas osé quelques semaines plus tôt. Si un autre se montre affable, j'y vois de la commisération. Si bien que ma prestation s'en ressent. Je perds en sérénité et sors des cartons pour un oui ou pour un non. L'image même de la petite bite gonflant ses muscles pour compenser. À l'évidence, j'ai perdu plus qu'un badge et il va vite falloir retrouver le fil de mon arbitrage. Renouer avec la décontraction qui était mon point fort et qui s'est faite la malle avec mon amour-propre.

Ce qui n'est pas un fantasme de ma part, c'est la mine préoccupée de l'observateur dans le vestiaire après le coup de sifflet final. Il n'a pas grand-chose à m'apprendre du reste. Je sais aussi bien que lui que j'ai déraillé et que le match aurait pu dégénérer par ma faute. Une chance qu'il y ait eu des cadres mâtures des deux côtés pour tenir leur troupeau. Mes assistants ne font pas de commentaires non plus. Notre glouton chronique est de toute manière devenu fort taiseux depuis l'épisode islandais.

Il estime à tort être la cause de notre déveine et rase désormais les murs. Mais les jeux étaient faits bien avant cette sortie de piste. Ce qu'on s'efforce de lui expliquer. Il aurait pu se nourrir de haricots verts jusqu'à la fin de ses jours sans que ça ne change quoi que ce soit à ce funeste épilogue. Je n'avais pas ce qu'il fallait dans le bide pour aller plus haut, ce n'est pas plus compliqué que ça.

Il n'empêche que je suis un bon arbitre de Ligue 1 et qu'il va falloir à nouveau le démontrer. Digérer la déception et se remobiliser pour achever notre parcours en beauté. Ça ne va pas être simple. Ayant atteint mon plafond, il ne me reste plus qu'à lutter pour m'y maintenir. C'est autrement moins stimulant que de se battre en visant le sommet. C'en est fini de la phase ascendante et rien ne sera plus pareil. Une nouvelle page s'ouvre et elle sera forcément plus terne. Je me compare à un vieil éléphant dont on a raccourci la trompe et qui rechigne à l'approche du cimetière, alors que la jungle se fait toujours plus hostile et qu'il est poussé au cul par de jeunes et fringants bestiaux. Il va falloir avoir les nerfs solides.

D'autant qu'une vague amertume persiste. D'accord, je n'avais sans doute pas la carrure pour devenir un central de classe mondiale. Mais je ne peux pas m'enlever de l'esprit que l'aventure européenne aurait pu être un peu plus belle, un peu plus longue et un peu plus savoureuse si l'on avait bénéficié du soutien idoine. Je ne suis pas, loin s'en faut, la seule victime du peu d'ardeur que mettent nos instances à défendre la cause de l'arbitre français sur la scène internationale. Bien que provenant de fédérations plus modestes, nos homologues turcs ou hollandais s'en sortent bien mieux par la grâce d'un lobbying efficace. Travail indispensable à notre rayonnement qui n'est pas ou mal effectué pour nous autres. Et pour cause...

Jusqu'en 2013, Marc Batta, ancien arbitre de haut rang, cumulait les fonctions de directeur technique de l'arbitrage ici et de représentant de la France à la commission de l'UEFA où il œuvrait avec succès à notre promotion. Mais Noël Le Graët s'est ému de cette double casquette qui revenait à payer Batta plein pot à la DTA pour un job qu'il n'effectuait qu'à mi-temps. Il l'a donc remplacé par Garibian en France pour le laisser se consacrer pleinement à son boulot de représentation. Seulement, le père Batta l'a eue mauvaise d'être ainsi privé d'une place confortable et bien rémunérée. De sorte que son acharnement à chanter nos louanges auprès de l'UEFA en a pris un sérieux coup. Manque d'entrain qui s'est immédiatement traduit dans les faits. Tandis que notre numéro un, Stéphane Lannoy, avait été désigné lors du Mondial 2010 et de l'Euro 2012, il reste en rade pour la Coupe du monde 2014 qui suit immédiatement la destitution de son aîné. Sans pouvoir être affirmatif, on est tenté d'y voir un lien de cause à effet.

C'est en tout cas le sentiment de Lannoy lorsqu'il évoque le sujet en ma compagnie lors d'un séminaire. Peut-être aurait-il été du voyage s'il avait été italien ou anglais, ces grandes nations qui, contrairement à la France, occupent des sièges dans toutes les commissions. Il me parle avec nostalgie de ses souvenirs de 2010. Les heures passées à échanger avec les collègues africains ou asiatiques sur les sélections locales pour se mettre au parfum, ce brassage de cultures si enrichissant… C'est sans doute passionnant mais j'abrège quand même la conversation. Avec ma douzaine de préliminaires d'Europa League en guise de palmarès, j'ai du mal à m'apitoyer sur son sort comme la situation semble l'exiger. Je commence moi aussi à développer des complexes et à virer acrimonieux. Je comprends maintenant l'agacement des copains quand tout roulait pour moi. La jalousie, c'est toujours plus laid chez les autres, mais c'est un sentiment plutôt universel.

Reste que celui qui lui succédera en tant que numéro un national, Clément Turpin, n'est toujours pas certain d'aller au Mondial russe à l'heure où ce livre est rédigé. Quant à Ruddy Buquet, le numéro 1 aux yeux de ses pairs qui l'ont plusieurs fois récompensé du trophée UNFP du meilleur arbitre de la saison, il n'a toujours pas atteint le niveau Top List FIFA. Et ce malgré des copies européennes irréprochables. Limite de l'arbitrage français ou défaillance de notre capacité à promouvoir nos arbitres au niveau international ? La question reste en suspens.

Notre glorieux Lannoy n'a donc pas tort d'être suspicieux. Même s'il m'énerve à verser ses larmes d'enfant gâté dans mon giron de loser, il faut admettre qu'on est abandonné par nos chères élites. Aucun représentant à la FIFA, pour commencer. Comment est-ce possible pour un pays comme la France ? Et un émissaire à l'UEFA qui tire désormais la tronche et se refuse à faire des efforts pour le mec qui l'a mis dehors. Pour parfaire le tableau, le nouveau DTA Garibian ne pipe pas un mot d'anglais et fait de la figuration lors des réunions internationales où on l'invite. Le cliché du Français chauvin qui ne s'abaisse pas à l'apprentissage des langues étrangères est particulièrement fondé dans le foot et ça explique aussi notre débâcle. Difficile de convaincre des gens quand on n'est déjà pas en mesure de leur parler.

À ce titre, la nomination de Pascal Garibian à la tête de l'arbitrage français est tout à fait symptomatique du mal qui nous ronge. On l'a mis là en lieu et place d'un type qui a certes ses défauts mais qui tenait la boutique. Batta avait officié en Coupe du monde en 1998. Ça vous pose son homme et sa voix portait y compris devant les instances internationales. Son successeur n'a pas cette envergure. Tout comme moi, Garibian n'a pas dépassé le stade de la catégorie 2 comme arbitre FIFA. En son temps, cela signifiait être confiné à la Coupe Intertoto. L'équivalent au nom ridicule de mes barrages d'Europa League. Il est d'ailleurs connu pour vivre ce parcours relativement modeste comme une fêlure. Ce qui ne l'incite peut-être pas à donner le maximum pour que ses cadets brillent au plus haut niveau.

En interne, il se murmure qu'il doit en grande partie sa nomination à la volonté de dirigeants très haut placés de l'évincer de la Commission de discipline où son intransigeance dérangeait. Si le bruit est fondé, c'est un paradoxe révélateur des dysfonctionnements du football hexagonal. Car Garibian était réellement un excellent président pour cette commission. Les débordements, notamment envers le corps arbitral, étaient sévèrement réprimandés et la profession lui en était reconnaissante. Seulement, ça plaisait beaucoup moins aux clubs qui le considéraient volontiers comme un emmerdeur de première. Nous touchons là au cœur du problème. Qui fait la loi au sein de notre fédération et, par conséquent, qui tient les rênes de l'arbitrage ?

Selon les textes, nous dépendons de la fédé. Fédé que préside Noël Le Graët depuis 2011. C'est elle qui nous paie et nous désigne sur le match de son choix chaque week-end. Ça, c'est pour la théorie. Le bémol, comme souvent, c'est le pognon, le nerf de la guerre. Les conséquents revenus télévisuels générés par la Ligue 1 sont perçus par la LFP. Cette bonne vieille Ligue qui reverse ensuite à la FFF l'argent qui va permettre de régler nos copieux émoluments pour qu'on puisse s'acheter des Audi. Environ douze millions d'euros annuels pour nos bons services. Or, les décisions de la Ligue sont principalement prises par son Conseil d'administration, où siègent les présidents des clubs les plus riches du pays : même si Aulas a stratégiquement choisi de migrer vers la fédé, Nasser, Vasilyev, Kita et Eyraud veillent au grain. Ce sont eux qui tiennent les cordons de la bourse, ce sont donc eux qui ont le pouvoir.

Si bien que l'on peut facilement envisager qu'eux, leurs pairs (et bien sûr en premier lieu ceux qui siégeaient au Conseil d'administration à l'époque) aient réclamé la tête de Garibian et que Le Graët ait obtempéré. Même si c'était sous couvert de promotion. Pour lui, le bénéfice est double. En plus de satisfaire ceux qui payent, il s'adjoint les services d'un homme à poigne tel qu'il les apprécie pour un poste clef. Seule différence, mais elle est de taille : l'autorité naturelle de Garibian ne s'exercera plus envers les joueurs et les dirigeants pour protéger les arbitres mais envers les arbitres pour laisser ce petit monde tranquille. Une façon de changer de camp sans en avoir l'air, comme nous allons bientôt le constater.

Si les arbitres sont si mal perçus par les grands argentiers de notre football, c'est parce que ceux-ci nous considèrent comme des enquiquineurs capables de leur faire perdre des millions d'un seul coup de sifflet mal placé. Le genre de reproche qu'ils ne peuvent pas faire à leurs attaquants payés des fortunes et qu'il s'agit de ne surtout pas froisser. Avec nous, on peut tout se permettre, et il serait temps de nous mettre au pas. Naturellement, la soumission des instances à ces potentats implique de nous serrer la vis. En dépit de toutes les déclarations de bonne volonté des dirigeants qui se succèdent, la vérité est là. Ceux qu'ils désirent réellement caresser dans le sens du poil, ce sont ceux par qui l'argent arrive. Et ces derniers ne nous tolèrent que si l'on siffle dans leur sens. Réalité dont la France entière aura l'illustration tragi-comique en 2014 lors d'un Lens-PSG à l'issue duquel Frédéric Thiriez, alors président de la Ligue, s'excusera auprès de Nasser Al-Khelaïfi pour le « mauvais arbitrage » de Nicolas Rainville. Celui-ci avait eu l'outrecuidance d'expulser la vedette parisienne Edinson Cavani. Contrition surprise par les caméras de Canal + qui en dit long sur la véritable hiérarchie au sein de notre « famille ». Et pourtant, Frédéric Thiriez est loin d'être le pire dirigeant que nous ayons eu à subir. Je reparlerai de ses tentatives méritoires pour venir à notre secours.

Il n'empêche qu'il ne fait pas bon contrarier nos têtes couronnées. Certains de mes copains ont eu le malheur de se montrer un peu trop implacables avec l'OL et n'ont curieusement pas remis les pieds dans le Rhône pendant très longtemps. Mais peut-être est-ce une coïncidence et que l'entregent de Jean-Michel Aulas n'a rien à voir là-dedans ! Reste que ce membre éminent du Conseil d'administration de la Ligue aura le mérite de la cohérence en rejoignant carrément le Comité exécutif de la fédération en 2017. Au moins, les choses seront claires. Dans ces conditions, peut-on attendre d'un arbitre qu'il soit totalement serein au moment de diriger un club dont le président est plus ou moins son employeur ? Pour ma part, je crois avoir toujours été neutre avec les Gones. Allez savoir d'ailleurs si ça ne m'a pas porté préjudice... Toujours est-il que faire abstraction de ce contexte n'est pas une mince affaire. Et que la marge est fragile entre le trouble et la partialité.

Dieu sait que la fédé n'est pourtant pas avare de propos rassurants. Lors des séminaires de début d'année ou d'avant-saison, Le Graët nous gratifie d'allocutions de circonstance dans lesquelles s'empilent sans grâce les lieux communs et les déclarations de bonnes intentions mâtinés d'un zeste de flagornerie. Nous sommes des acteurs essentiels du jeu, il faut nous respecter, il y veillera personnellement et que ferait le monde sans nous... Paroles, paroles, paroles... Qu'il sème au vent mauvais de notre scepticisme. De fait, quand il en a fini de nous enfumer et nous propose de lui poser des questions, personne n'ouvre jamais la bouche. On sait bien ce que valent ces formules rituelles et celui qui les prononce. Avant de devenir président de la FFF, Le Graët avait démontré toute sa considération pour la fonction lors d'un Toulouse-Guingamp de sinistre mémoire. Alors à la tête de l'En Avant, il n'avait pas hésité à traîner dans la boue Éric Poulat, numéro un français à l'époque, dont la prestation lui avait déplu, allant jusqu'à affirmer qu'il lui fallait arrêter d'arbitrer. Et il était déjà vice-président de la fédé à l'époque ! Autant dire que le ton était donné.

Aligné, il est vrai, sur la position de l'UEFA, il a également décidé de nous réduire au silence en 2012. En surface, cette prise de position pouvait apparaître comme une forme d'appui puisque l'argument invoqué était que nous « n'[avions] pas à nous justifier ». Mais aucun parmi nous n'était dupe de l'objectif réel qui était de nous exclure du champ médiatique et de nous isoler encore davantage dans une posture de juges implacables et lointains. Ce mutisme contraint revient à interdire tout repentir apaisant et toute pédagogie éclairante. Certes, il ne s'agissait que d'un conseil ferme mais informel. Nul écrit officiel pour nous couper l'accès aux micros. Mais on imagine sans peine les conséquences d'une insoumission sur les désignations futures. Lorsqu'Antony Gautier, suite à un Saint-Étienne-PSG houleux, eut la folle audace de s'excuser d'une mauvaise décision, le patron ne s'est pas privé de le rappeler à l'ordre. Qualifiant de « stupide » sa démarche, il posa cette question cruciale : « Cela sert à quoi de dire que l'on s'est trompé ? » Peut-être à calmer les esprits et à éviter de passer pour un connard suffisant ? Apparemment, ce n'est pas la priorité.

Soyons justes, il nous arrive aussi de sagouiner notre image tout seuls comme des grands. Comme lors de la regrettable affaire du contrat Nike en 2011. Après que la fédération eut signé un très juteux accord avec la marque à la virgule à hauteur de quarante-deux millions d'euros annuels, certains parmi nous ont estimé qu'ils méritaient une part du gâteau. Après tout, si le contrat concernait avant tout l'équipe de France, on allait nous aussi représenter la firme américaine avec nos maillots tout neufs ! Puisque l'on mettait notre admirable image à contribution, il nous semblait logique de profiter de la manne à travers une petite augmentation de nos émoluments. La fédé n'étant pas du tout du même avis, la situation s'est envenimée jusqu'à ce que l'on menace de faire grève sur une journée de Ligue 1. J'avoue éhontément avoir fait partie des petits génies partisans de cette solution... Quelques-uns dans nos rangs, comme Hervé Piccirillo, pressentaient la grosse connerie et renâclaient à recourir à ce genre d'extrémité. Ils étaient clairvoyants, les potes, et avaient deviné qu'on l'aurait dans l'os d'une manière ou d'une autre. Il faut bien reconnaître que les instances ont finement joué le coup. Alors qu'en fait de grève, on avait décidé de se limiter à repousser les coups d'envoi d'un quart d'heure, on nous a purement et simplement suspendus pour les matchs en question. Main dans la main, la Ligue et la fédé nous ont remplacés pour l'occasion par des Fédéraux 3 exerçant habituellement en National ou en CFA. Pour parfaire le stratagème habilement ourdi, consigne a été donnée aux clubs de se montrer particulièrement accommodants avec ces novices.

Magnifique retournement de situation et parfaite opération de com' dont nous serons les cocus intégraux. Bien évidemment, tout a été planifié pour qu'aucun incident ne soit à déplorer. « Pour une fois ! » s'extasiaient les commentateurs ! Joueurs et coachs se relayaient devant les médias pour dire leur plaisir d'avoir eu affaire à des hommes en noir enfin compréhensifs et compétents. On louait leur calme et leur sang-froid. Conclusion unanime : en plus d'être des maîtres-chanteurs assoiffés d'oseille, on est tellement mauvais que les premiers amateurs venus nous remplacent avantageusement. Un triomphe. Inutile de préciser qu'on a pu s'asseoir sur l'augmentation.

Après ce désastre, nos patrons ont eu les coudées franches pour imposer leurs vues. Avec le règne de Le Graët et la nomination de Garibian, l'infantilisation s'est intensifiée. Même quand notre DTA bien-aimée voudra nous redonner la parole pour pacifier une situation devenue intenable, la mesure sera strictement encadrée. Tout d'abord, des cours de media-training seront mis en place à Clairefontaine. Bon, admettons que ça puisse être utile. L'époque étant ce qu'elle est, mieux vaut maîtriser sa communication plutôt que de donner du grain à moudre aux contempteurs par maladresse. En revanche, le délai imposé de trente minutes après le coup de sifflet final avant de pouvoir s'exprimer est plus difficile à justifier. D'accord, ça part d'un bon sentiment. Éviter les réactions à chaud et avoir le temps de prendre une douche et de peser ses mots. Ça se défend, mais ça contribue malgré tout à nous donner l'impression d'être des gamins qu'il faut alternativement protéger ou punir. C'est en tout cas ressenti de la sorte par la majorité de la corporation. Précisons par ailleurs qu'en dehors du cadre des matchs, il est tout à fait exclu de répondre à une interview sans demander la permission à Pascal Garibian. Là encore, il n'existe aucun texte explicite mais chacun sait à quoi s'en tenir. On libère un peu la bride mais la laisse reste tenue d'une main ferme.

Dans ce sombre tour d'horizon, il convient de rendre hommage à Frédéric Thiriez. Président de la Ligue de 2002 à 2016, il ne s'est pas toujours montré à son avantage. En particulier lors de ses grotesques ronds de jambe envers Nasser Al-Khelaïfi. Aussi servile que les autres à l'égard des puissants, il s'est néanmoins constamment soucié de notre confort. Ses efforts se sont particulièrement concentrés sur l'aspect technologique de notre métier. On lui doit la mise en place de plusieurs innovations qui ont représenté un progrès réel. Sous son influence, la France fut notamment la première à doter ses arbitres d'oreillettes afin de faciliter les échanges entre central, assistants et quatrième. Un succès considérable copié par la FIFA à partir de la Coupe du monde 2006 et devenu la norme du football professionnel sur l'ensemble de la planète. Il est aussi à l'origine de la *goal line technology* qui sera décriée par la suite mais constituait au départ un pari aussi coûteux qu'audacieux qui a rendu bien des services à nos modestes personnes. Tout comme cette trouvaille plus triviale mais fort ingénieuse qu'est le spray permettant de localiser de façon précise l'endroit où doivent se placer le ballon et le mur lors d'un coup franc.

Un autre de ses projets n'a pas totalement abouti et c'est bien regrettable. Thiriez désirait nous munir de micros durant les matchs afin que les conversations avec les joueurs soient portées à la connaissance du public. Personnellement, j'y suis complètement favorable. Tout le monde serait obligé de rester courtois et ça changerait beaucoup de choses. Quant à ceux qui ne feraient pas cet effort, les observateurs pourraient se faire leur propre opinion. C'en serait fini du baratin en conférence de presse sur le thème : « Je lui ai simplement fait remarquer qu'il s'était trompé. De toute façon, on ne peut pas parler avec eux ». Alors que le dialogue authentique débutait par : « Ta grand-mère la pute, tu veux nous niquer c'est ça ? » Le fond est peut-être le même mais les termes ont leur importance... Le problème de beaucoup de joueurs, c'est que ce langage fleuri leur est naturel même entre coéquipiers ou quand ils s'adressent à leur entraîneur. Ils ne savent tout simplement pas parler autrement que comme des charretiers. Reste que le procédé a été mis en œuvre pour la finale de la Coupe de la Ligue ; compétition qui, comme son nom le suggère, dépend de la LFP. À chaque fois, tout le monde parvient à tenir sa langue. Comme quoi ce n'est pas un effort insurmontable. Ça fonctionne si bien que le dispositif est désormais appliqué à l'autre finale nationale, celle de la Coupe de France. Alors pourquoi ne pas généraliser à l'ensemble des compétitions un système qui a fait ses preuves et permet d'améliorer le climat entre tous les acteurs ? Une énigme de plus.

Pour être honnête, il n'y a pas que les joueurs qui devraient châtier leur langage si le système était étendu à tous les matchs. Certains collègues seraient eux aussi contraints de mettre un peu d'eau dans leur vin. En son temps, Gilles Veissière pimentait à sa manière les rencontres qu'il dirigeait. Son truc, c'était de se foutre de la gueule des joueurs. À un type qui réclamait une faute, il était capable de sortir une amabilité du style : « Avant de me casser les couilles, commence par cadrer une frappe ! » Ce qui ne l'a pas empêché de mener une brillante carrière internationale.

Un autre adepte du dérapage verbal a accédé au rang de légende vivante durant la rédaction de cet ouvrage. En taclant en plein match le défenseur nantais Diego Carlos, Tony Chapron s'est assuré de passer à la postérité. Lecteur assidu de Michel Foucault, l'ami Tony a plutôt œuvré dans le registre de son homonyme Jean-Pierre en passant une sacrée soirée à la Beaujoire qui lui a rapporté quelques millions d'emmerdes. Bien que condamnable, ce geste fou a le mérite de mettre en lumière le profond malaise de l'arbitrage français. Car Tony n'a rien d'un cinglé. Je l'ai bien connu et c'est un type sympa et intelligent. Il est tout de même docteur en sciences politiques et diplômé en sociologie du sport, pas exactement le profil de l'abruti incontrôlable. On ne peut cependant pas nier qu'il lui arrive d'être taquin. Pas entièrement maître de ses nerfs et de ses propos, c'est un fait. Mais de là à s'en prendre physiquement à un joueur pour une bousculade, il y a un gouffre qui ne peut qu'être rempli de tout ce que l'arbitre encaisse d'injures, de pression, de vindicte, de malhonnêteté et d'humiliation. Se retrouver les quatre fers en l'air devant un stade, c'est embarrassant mais banal. Évidemment, tout le monde se marre et on peut être vexé. Mais on se relève aussi vite que possible et le joueur concerné vient le plus souvent s'excuser alors qu'il n'y est pour rien. Car une chute est toujours la conséquence de notre mauvais placement. Aucun joueur ne s'amuse à nous emplafonner pour le plaisir. Tout ça pour dire que c'est un fait de jeu anodin qui ne saurait expliquer à lui seul une réaction aussi démente.

Alors pourquoi ? On a un début de réponse en remontant un peu dans le temps, un mois auparavant. Une scène lamentable qui n'implique pas Tony Chapron mais n'en reste pas moins éloquente quant au soutien dont bénéficie l'ensemble de la confrérie. Lors d'un Montpellier-Marseille, Frank

Schneider prend deux décisions qui font rugir les Héraultais. Un penalty généreusement accordé aux Olympiens et un but logiquement refusé à Camara. Des faits de match comme on en voit chaque semaine. Au terme de la rencontre, Schneider et ses assistants sont pris à partie par le staff montpelliérain. « Pute », « porc », « grosse merde » et autres gentillesses volent devant les caméras. Séquence (in)digne d'un match de cinquième division de district qui se déroule dans l'enceinte d'un club de l'élite au vu et su de tout le pays. Naturellement, la Commission de discipline ne peut que se montrer implacable. Verdict ? Aucune sanction ferme envers les Montpelliérains. Si vous voulez comprendre pourquoi des mecs comme Tony Chapron perdent la boule, ne cherchez pas plus loin. Entre parenthèses, lui a immédiatement été suspendu suite à sa balayette et ça signe peut-être la fin de sa carrière de toute façon imminente. *Surveiller et Punir,* pour citer un titre de son auteur favori, ça semble mieux fonctionner dans ce sens que lorsque l'arbitre est pris à partie.

Dans ce climat pourri, la dinguerie contamine les hommes les plus sages. Des dirigeants comme René Ruello ou Roland Romeyer réputés pour leur pondération se joignent à la meute hystérique de nos détracteurs. J'ai arbitré Saint-Étienne pendant des années et je n'ai jamais entendu Romeyer, l'un des types les plus délicieux qui soient, prononcer un mot sur ma prestation. Pourtant, il est forcément arrivé qu'elle lui déplaise. Lors d'un récent

Saint-Étienne-Monaco, il a fallu que son entraîneur, Julien Sablé, le retienne pour qu'il n'aille pas en découdre avec l'arbitre. Je veux bien que les Verts soient en vilaine posture, mais ça ne suffit pas à comprendre une telle sortie de piste. Il y a définitivement quelque chose de pourri au royaume du football français.

Ce constat est partagé par l'ensemble de la communauté et c'est bien pour ça qu'on nous intime de la boucler. Nous sommes la « grande muette » du foot hexagonal, astreints au silence au même titre que les gendarmes auxquels on nous assimile fréquemment et rarement pour nous flatter. L'exaspération gagnant les troupes, on nous jette quelques baballes pour s'attirer nos bonnes grâces. La professionnalisation en fait partie. Vieille marotte de Frédéric Thiriez, elle a vu le jour en 2015. Pour l'heure, elle ne concerne que les internationaux et les meilleurs Fédéraux 1 qui sont par conséquent également immunisés contre la relégation. À ce titre, la mesure a pour effet d'accroître les jalousies et les inimitiés dans un milieu où elles sont déjà légion. Par ailleurs, c'est une flèche de plus dans le carquois des Waldemar Kita et consorts : « Vous voyez, vous l'avez votre statut pro, et pourtant vous êtes toujours aussi mauvais ! » Si bien que le bilan est plutôt mitigé. Il a fallu beaucoup embaucher à la DTA pour encadrer tout ce beau monde et ça hérisse des poils à la fédé. Tout ce bon pognon dépensé pour ce ramassis de nullos... Du coup, quand DTA et CFA ont soumis leur volonté d'étendre le traitement à tous les Fédéraux 1 et de faire construire un mini-Clairefontaine pour nos pommes, ils se sont fait envoyer paître en beauté. On n'est pas assez rentables pour justifier de tels investissements. Autre revers de la médaille, c'est dans des petites chambres situées dans les dépendances du centre technique national que les copains passent désormais vingt-deux semaines par an. Car celles du château sont principalement réservées à l'équipe de France. Ces séjours prolongés sont aussi une conséquence du nouveau statut et font grincer des dents. Car Clairefontaine, malgré tout son prestige, est l'un des endroits les plus déprimants qui soient. Avec son petit bar, le Corner, pour unique lieu de convivialité et Paris à plus d'une heure de route, c'est un pesant mouroir qui pousse les internationaux A à fuir dès qu'ils le peuvent vers Enghien pour se changer les idées. Privilège qui n'est pas accordé aux arbitres, tout professionnels qu'ils soient.

L'autre cadeau du père Noël Le Graët et de la Ligue, c'est la vidéo, expérimentée en Coupe de la Ligue et qui devrait être généralisée pour la saison 2018-2019. On était nombreux à en être partisans et il est certain que ça peut nous aider. Cela dit, outre le fait que ça hache encore trop les matchs, on constate que ça ne coupe nullement court aux polémiques. Si ça doit permettre à terme d'éviter les erreurs flagrantes, il restera toujours la part d'interprétation qui détermine beaucoup de coups de sifflet. En un sens, c'est presque pire. Car si les litiges sont plus rares, on nous les pardonne encore moins. On en a eu l'illustration avec ce match de Coupe de la Ligue entre Rennes et Toulouse suite auquel tout le monde est tombé sur le pauvre Benoît Millot coupable de n'avoir pas sifflé un penalty pour les Toulousains malgré le recours au ralenti. L'incompréhension et la frustration sont d'autant plus grandes quand on ne peut plus se cacher derrière la sacro-sainte « vitesse réelle » qui encourageait l'indulgence des observateurs de bonne foi. Conclusion désabusée de Max-Alain Gradel, l'attaquant des Violets victime de la supposée faute : « Je pense qu'il faut arrêter les caméras... Ça sert à rien ». Sentence que l'on n'a pas fini d'entendre, puisque les querelles vont évidemment perdurer malgré la vidéo. Ceux qui y voient une solution miracle vont tomber de haut.

Car le football, sport de contact, ne peut pas être arbitré de façon binaire, en dehors du hors-jeu et du franchissement de la ligne par le ballon. Et encore ! Les hors-jeu de position sont eux aussi soumis à la subjectivité de chacun. Que les gens de presse ne s'affolent pas, toutes les caméras du monde ne suffiront pas à éviter les controverses dont ils font leurs choux gras. D'une certaine façon, ce n'est peut-être pas plus mal. Car le plaisir de l'amateur de foot réside aussi dans ces chicanes sans fin. La rage de vouloir avoir raison en dépit de l'évidence et la jouissance masochiste de se sentir persécuté.

La plupart des supporters sont convaincus que la Terre entière, à commencer par nous, les arbitres, est liguée contre leurs protégés. S'il s'agit d'un gros club, on les jalouse, si c'est une équipe modeste, on les méprise. Éternelles victimes, quoi qu'il arrive, de toutes les injustices. Il faudrait un psycho-anthropologue de haut vol pour analyser cette extase de se sentir haï. Quelle qu'en soit la cause, il serait dommage de les en priver. Mais il n'y a rien à craindre dans ce domaine. Avec ou sans vidéo, on va s'écharper encore longtemps sur nos décisions au comptoir des troquets. Et c'est tant mieux. Le véritable problème, ce n'est pas de savoir si l'on a raison ou si l'on a tort, mais le regard posé sur la fonction, la façon dont elle est considérée. Aucun de nous ne craint les critiques, d'autant qu'elles sont parfois fondées, à condition qu'elles s'accompagnent d'un minimum de compréhension. Mais cette compréhension, nous ne l'obtiendrons qu'à force de communication et de pédagogie. Deux éléments auxquels nos chères instances s'avèrent farouchement réfractaires.

Quand des voix s'élèvent parmi nous pour réclamer ce fameux surcroît de considération, Pascal Garibian justifie toute la confiance que lui a accordée Noël Le Graët en matant la fronde. Il fait notamment montre de toute sa poigne lors de l'affaire dite « des maillots ». Tout commence en avril 2015 lors d'un Marseille-Lorient dirigé par Saïd Ennjimi. Ce dernier propose aux Marseillais de leur acheter des maillots dédicacés pour les vendre au profit d'une œuvre caritative. L'offre est acceptée et il est difficile d'y voir un arrangement quelconque vu que l'OM se fait étriller par les Merlus sur son terrain. Mais la défaite les met de mauvaise humeur, et les maillots ne seront pas signés. Colère du collègue, et (petite) engueulade dans les vestiaires. Une tempête dans un verre d'eau, en somme. Seulement, l'épisode revient aux oreilles du DTA qui s'en émeut. Ennjimi est suspendu à titre conservatoire en attendant son passage devant la Commission fédérale. Décision arbitraire et disproportionnée qui conduit Stéphane Lannoy à monter au créneau en tant que président du SAFE (Syndicat des Arbitres de Football d'Élite). Celui-ci dénonce l'autoritarisme de Garibian et se voit suspendu à son tour pour manquement à son devoir de réserve, alors qu'il ne s'exprimait pas en tant qu'arbitre mais en tant que représentant d'un syndicat. Si les peines seront réduites en appel, la fédé, par l'intermédiaire de Garibian, n'en aura pas moins fait passer son message : silence dans les rangs. La démonstration de force coûtera une finale de Coupe de France à Ennjimi, qui était déjà à l'époque candidat à la présidence de la ligue Nouvelle-Aquitaine qu'il finira par décrocher en 2017. De là à penser que son ambition dérangeait en haut lieu... Précisons simplement qu'une ligue de cette importance a un poids conséquent dans le scrutin désignant le président de la FFF. Mais gardons-nous bien de toute conclusion malveillante !

Voir des tauliers indiscutables comme Saïd Ennjimi, Stéphane Lannoy ou Tony Chapron traités de la sorte est symptomatique de la volonté de nos maîtres de régner sans partage. L'arbitre, on le veut docile et bien soumis à sa hiérarchie. Hiérarchie elle-même inféodée au porte-monnaie du foot français, à savoir la Ligue et ses droits télé que l'on doit aux clubs riches qui ramènent des joueurs sexy dans notre championnat. Dans ce contexte, il n'y a pas de place pour les éventuelles grandes gueules ni pour les petits malins qui voudraient être force de proposition. Il y a donc un intérêt certain à évincer du tableau ceux dont la carrure justifierait une prise de parole. Place aux jeunes ! C'est dans l'air du temps et ça arrange tout le monde.

Pendant longtemps, l'âge limite pour exercer au plus haut niveau était fixé à quarante-cinq ans. Jusqu'à ce que la Halde (Haute Autorité de lutte contre les discriminations et pour l'égalité) dénonce cette règle jugée discriminatoire. Qu'à cela ne tienne ! Pour débarrasser le plancher de ces encombrants vieillards, il a suffi d'accroître les exigences physiques en calquant les tests sur ceux de la FIFA et de l'UEFA. De sorte que l'on demande désormais aux arbitres des résultats que n'obtiendraient pas certains joueurs. Dans le même temps, on favorise les jeunots par des promotions éclairs. On en voit accéder au badge FIFA après un an en Ligue 1, ce qui était inimaginable il y a encore quelques petites années. Sale temps pour les dinosaures de ma catégorie auxquels on indique la sortie avec plus ou moins de délicatesse...

L'objectif inavoué de ce jeunisme forcené est d'obtenir une horde de petits soldats disciplinés et malléables. Des perdreaux de l'année aux muscles saillants mais aux têtes encore tendres qui ne feront pas trop d'histoires. Peut-être verra-t-on dans ce jugement péremptoire l'aigreur du fossile. Admettons qu'il y ait une part de bile dans mon constat. Le vieux corbeau acariâtre au crépuscule de sa carrière... Possible, mais les faits sont têtus. Que cet engouement pour le sifflet juvénile aille de pair avec la mise au pas globale de la corporation est indéniable. Or, exercice de psychologie avant toute chose, l'arbitrage se pratique moins avec les jambes qu'avec la tête. Et je n'ai pas le sentiment de perdre la mienne.

CHAPITRE 9
ENTRE LA PRESSE ET L'ENCLUME

Alors que la fin se précise, il n'y a pas qu'au sein des instances que l'on s'impatiente de me voir partir à la casse et transmettre le flambeau à la relève. La longévité n'est pas un objet d'admiration non plus chez nos amis journalistes. Je n'en entends aucun rendre hommage à la sagesse avec laquelle j'aurais pu négocier quelque situation périlleuse. Pourtant, l'expérience aidant, il m'arrive de me tirer d'un vilain bourbier dans lequel j'aurais piteusement pataugé dans mes vertes années. Mais ces triomphes passent systématiquement inaperçus. Rien de bien nouveau sous ce soleil déclinant, cela dit. Mes prouesses juvéniles suscitaient globalement la même indifférence auprès des gens de plume, de radio et d'écran. Ce qui est tout aussi constant d'un bout à l'autre du chemin, c'est que le ratage fait lui les gros titres. On partage cette caractéristique avec les trains de n'avoir les honneurs des gazettes qu'en cas de retard ou de déraillement. Mais il y a tout de même une évolution maintenant que mes tempes blanchissent. Je ne crois pas faire plus d'erreurs qu'avant. Ce serait plutôt le contraire, à vrai dire. Il n'empêche que, lorsque ça se produit, on y voit immanquablement la preuve de mon irrémédiable déclin. On se demande bruyamment combien de temps encore je vais continuer à fausser la compétition avec mes conneries. À quand la retraite ? se désespère-t-on à l'antenne. Va-t-on devoir éternellement supporter cet ahuri ? On exige la mise au rebut de cette vieille loco poussive qui fait tchou-tchou n'importe comment avec son sifflet rouillé. À peu près tous les copains en bout de piste ont droit à ce délicat traitement. On se fatigue à nous agonir depuis tout ce temps et on réclame de nouvelles têtes de Turc.

Ce n'est guère respectueux de ces nombreuses années de plus ou moins bons et loyaux services, mais ça présente au moins un avantage : celui d'atténuer un peu la mélancolie qui nous étreint à l'approche du dernier bal. Il y a des flonflons dont on se passera admirablement. Comme tous ces airs entêtants composés par Pierre Ménès et son orchestre, qui relèvent généralement plus de la bourrée que de la valse brune et nous donnent rarement envie de danser. Au moins une bonne raison d'abandonner notre cavalière sans trop de regrets.

Sans être le lot de l'ensemble de la presse sportive, le haro sur l'homme en noir est une passion largement partagée. Bien sûr, certains se fendent parfois d'une petite phrase en passant pour souligner nos mérites, mais ça relève de l'exception. Ce n'est pas se complaire dans une posture de victime que de constater que l'avanie est la norme. Il y a là un savant mélange de démagogie et de paresse intellectuelle. D'ailleurs, les anciens joueurs et entraîneurs, ceux qui savent, sont rarement les plus féroces parmi les commentateurs. Même quand ils étaient pénibles en leur temps sur la pelouse. Il y a la rage de vaincre en dépit de toute bonne foi, et puis il y a la lucidité de l'observateur qui a pris ses distances. Une fois sur les plateaux, ils sont généralement les plus indulgents envers nous. Solidarité d'acteurs du jeu malgré tout. Ils sont bien placés pour savoir ce que sont l'intensité et le stress du match. Quand la tension monte et que le cœur cogne. Eux aussi ont eu de temps à autre le panard fébrile dans ces circonstances. Le carton sorti trop vite se compare alors à la transversale loupée quand les jambes trop lourdes reçoivent des ordres confus du cerveau déboussolé. Ils connaissent le problème et sa complexité. « On n'a pas le même maillot mais on a la même passion », comme dit le slogan.

Je suis beaucoup moins convaincu, en revanche, d'avoir la même passion que Pierre Ménès. Difficile de ne pas s'arrêter un instant sur le cas de cette figure incontournable du paysage audiovisuel français dont l'amour pour notre corporation est bien connu. Depuis de longues années, il a bâti sa réussite sur son ton corrosif et sa propension à flinguer à tout-va. Des jugements d'une sévérité inversement proportionnelle à sa légitimité, diront certains, l'homme ne s'étant jamais distingué dans quelque discipline que ce soit. Non pas que son absence de carrière sportive doive lui interdire d'émettre un avis : après tout, il connaît bien le foot et les commentateurs ne peuvent pas tous être d'anciens joueurs à la retraite. Il faut bien qu'il y ait dans le lot quelques journalistes chevronnés plus rompus à la communication et plus en phase avec le public profane. Seulement, ces derniers devraient faire preuve d'une certaine modestie et s'incliner devant le jugement de gens mieux placés qu'eux pour savoir de quoi il retourne au juste.

Ce qui est gênant avec le tonitruant Pierrot, c'est qu'il assène des opinions tranchées présentées comme paroles d'expert alors qu'elles ont plus à voir avec des élucubrations de comptoir. Et ça ne concerne pas que nos modestes personnes. C'est aussi le cas lorsqu'il laisse entendre que des joueurs de niveau international comme Cavani ou Malouda sont des tocards. On n'entend jamais d'anciens pros tenir des propos aussi catégoriques. Et ce n'est pas par réflexe corporatiste, c'est juste une question de sérieux. Le bonhomme étant tout sauf idiot, on est tenté de voir quelque chose de délibéré dans cette attitude. C'est avec cette gouaille taverneuse qu'il a forgé sa légende et on ne peut pas vraiment lui reprocher d'entretenir ce juteux filon. La parole sans filtre séduit l'auditoire et il n'est pas le premier à utiliser cette formule. Thierry Roland avant lui avait conquis les foules en les singeant. Le jour où il a lancé son fameux « Monsieur Foote, vous êtes un salaud ! », ils étaient des millions devant leur poste à penser la même chose. Lorsqu'Antenne 2 avait voulu le virer suite à ce coup de sang, ce sont les centaines de lettres de soutien adressées à la chaîne qui lui avaient sauvé la mise. Le peuple s'était découvert un porte-voix et tenait à le conserver. C'est un peu la même chose avec Ménès, même s'il reste plus pointu que son aîné. Seulement, sa stature dans le paysage médiatique contribue à donner à des caricatures des airs de vérités absolues. Et qui est-ce qui passe pour un con et un fumiste ? C'est mézigue avec son petit sifflet autour du cou. Merci Pierrot.

Car nous sommes clairement les cibles favorites de ce tireur d'élite. Ceux qu'il se plaît le plus à « tailler », pour reprendre son terme fétiche. Sur le plateau du Canal Football Club, si un résumé de match met en avant une défaillance de notre part, la caméra est braquée sur lui dès que vient le moment des commentaires. Le présentateur Hervé Mathoux lui donne rapidement la parole et le public jubile d'avance. C'est le moment attendu, le clou du spectacle. Calculant ses effets, notre homme sort la sulfateuse. Une fois encore, les bras lui en tombent et on perçoit le désespoir dans sa voix grave. Quand va-t-on se décider à endiguer le fléau ? « On le connaît bien, dit-il au sujet du cuistre, ça fait des années que ça dure et qu'il est toujours aussi nul... » La litanie est ponctuée des rires des spectateurs qui sont en grande partie venus pour ça. Voir Pierrot faire du Pierrot. Les intervenants plus raisonnables comme Éric Carrière ou Dominique Armand prennent ensuite le relais et pondèrent la charge, mais le mal est fait. La sagesse austère ne peut rivaliser avec l'outrance en termes d'impact. L'inconscient collectif retient plus facilement la parodie spectaculaire. Pierrot a parfaitement tenu son rôle de clown ronchon et le message est passé. Tous nuls, comme toutes les semaines.

Malgré tout soucieux de se donner une façade de crédibilité, Ménès aime à invoquer notre sous-représentation internationale comme preuve de la justesse de ses dires. Il n'invente rien puisque l'UEFA et la FIFA partagent son constat ! Si l'on n'a pas vu un Français diriger une finale européenne depuis des lustres, ça démontre bien que le continent tout entier est conscient de notre affligeant niveau. Ce serait là le véritable baromètre de la santé de l'arbitrage national.

On touche ici aux limites du bateleur télévisuel. Car il y a dans cette pseudo-analyse soit beaucoup de mauvaise foi, soit une grande légèreté. Un journaliste de son envergure, qui a ses entrées dans le milieu, ne peut pas ignorer comment ces instances fonctionnent. Il sait le poids du politique, en comparaison duquel le sportif pèse parfois peu.

Il a forcément eu écho des rapports entre Marc Batta et le duo Le Graët-Garibian. Il n'ignore pas que le premier ne fera rien pour le prestige des deux autres. S'il n'est pas au courant de ces guerres intestines, c'est qu'il ne travaille pas sérieusement ou qu'il est moins informé qu'il le prétend. Voilà ce qui hérisse le poil du pauvre arbitre qui l'entend déblatérer le dimanche soir dans son fauteuil. Ce qui peut accessoirement lui donner envie de prendre la plume pour rétablir deux ou trois vérités.

Un autre des grands griefs de Pierrot et ses acolytes, c'est la prétendue suffisance dont nous, les arbitres, nous ferions preuve. Notamment en ne prenant pas la peine de s'expliquer voire de s'excuser quand les circonstances l'exigent. Si vous avez lu le chapitre qui précède avec attention, vous savez ce qu'il en est de ce silence que nous sommes les premiers à déplorer. Là encore, ces intraitables reporters ne sont-ils pas en mesure de se renseigner un tant soit peu avant de sortir le vitriol ? Quand Antony Gautier se fait tirer l'oreille par Le Graët pour avoir reconnu son erreur, ils sont tout de même bien placés pour le savoir. Faut-il que certains fassent mal leur métier pour méconnaître des faits à la portée de n'importe qui... Ou alors ils cherchent à flatter l'auditeur en l'entretenant dans ses haines ordinaires, et c'est encore plus grave.

Mais il ne faut pas exclure l'hypothèse de la méconnaissance pure et simple. Elle est en tout cas courante pour ce qui concerne les règles. La quantité d'énormités qu'il faut endurer quand on est devant son écran et qu'on a le malheur d'avoir quelques notions... Et les mecs ne doutent pas une seule seconde. Rares sont, j'en suis convaincu, les journalistes ayant pris la peine ne serait-ce que d'ouvrir un règlement. Sur bien des situations, ils n'ont qu'une idée très vague et très aléatoire des lois du jeu. Mais ça ne les dissuade pas une seconde d'expliquer au monde entier ce qu'il en est. C'est ça, le plus fascinant. L'assurance et la désinvolture avec lesquelles ils peuvent déclamer des aberrations. On ne peut pas leur enlever cet aplomb qui force le respect.

Exemple éclatant de cette force tranquille : Lille-Montpellier, 2015. Penalty pour le LOSC dont se charge le spécialiste local Ryad Boudebouz. Moins en réussite que d'habitude, il envoie sa frappe sur la barre mais récupère le ballon et le met au fond des filets. But logiquement invalidé par Saïd Ennjimi qui officie ce soir-là. Sur le plateau après le match, on est d'abord perplexe sur les motifs du refus. Puis un petit génie évoque l'hypothèse d'un hors-jeu. Bon sang, mais c'est bien sûr ! Que n'y avaient-ils pas pensé plus tôt ! Toute l'assemblée valide cette explication imparable. Hors-jeu sur un ballon qui vient de face donc... Pour les néophytes, sachez que l'on ne peut pas être hors-jeu sur une passe en retrait. Il faut être placé devant le joueur qui transmet la balle. À supposer que l'on considère la barre transversale comme un joueur, ce qui semble être le cas de certains experts, ce bon Ryad ne serait de toute façon pas hors-jeu puisque cela équivaudrait à une passe en retrait ; involontaire qui plus est puisque l'on ne prête pas aux poteaux d'objectifs particuliers. C'est d'ailleurs l'une des raisons pour lesquelles on ne les comptabilise pas parmi les acteurs du jeu. Discriminatoire sans doute, mais c'est ainsi. La barre transversale n'est pas un footballeur comme les autres et nous avons donc là deux superbes absurdités en une pour votre plus grand plaisir. Public chéri, on vous gâte. À tout hasard, si la raison pour laquelle le but n'est pas valable vous intéresse, c'est simplement parce que Boudebouz a touché deux fois de suite le ballon, ce qui est interdit sur un coup de pied arrêté. Assez évident pour qui est un peu initié aux règles. Pour autant, l'extravagante version du hors-jeu sera abondamment reprise par toute la presse pour le plus grand bénéfice de l'éducation des foules.

Pour pallier leurs lacunes considérables, les médias font parfois appel à d'anciens arbitres afin de profiter de leur expertise ; une démarche que l'on ne peut que saluer. À ceci près que l'éloignement des terrains se traduit souvent par un relâchement dans les études. Même chez les plus éminents d'entre nous. Lors de l'Euro 2008, c'est à nouveau une histoire de hors-jeu qui illustre ce triste constat. À l'occasion de l'un des chocs du premier tour, Pays-Bas-Italie, Ruud van Nistelrooy ouvre le score pour les

Oranje, apparemment en position illicite. Au départ de l'action, il était couvert par le défenseur transalpin Christian Panucci, mais celui-ci est sorti des limites du terrain après avoir percuté son propre gardien. Les observateurs sont unanimes pour dénoncer un véritable scandale. Puisque Panucci ne se trouvait plus sur la pelouse, comment pouvait-il couvrir ce diable de van Nistelrooy ? Dieu merci, le journal *L'Équipe* a fait appel, pour la durée de la compétition, aux services du plus fameux sifflet français en la personne de Joël Quiniou. Dès le lendemain de ce tollé quasi mondial, le vieux sage va pouvoir mettre de l'ordre dans cette cohue en rappelant le droit qui régit notre beau sport. Sauf que le logiciel du vétéran n'est plus à jour. Il s'emmêle les pinceaux dans les textes et nous barbouille une chronique calamiteuse dans laquelle il prend le parti de la meute et accable le pauvre monsieur Fröjdfeldt, l'arbitre suédois de la discorde. Il est vrai que les cordonniers ne sont pas toujours les mieux chaussés, mais ça la fout mal quand même. Si nos prestigieux confrères se mettent à raconter les mêmes salades que les polémistes de tout poil, les progrès en matière de pédagogie ne sont pas pour demain. Pour information : même si un joueur sort du terrain de façon involontaire au cours d'une action, il continue de faire partie du jeu. Il n'y a que s'il est sorti se faire soigner suite à une blessure constatée par le central qu'on ne se préoccupe plus de son cas.

Il ne se passe pas une semaine sans que des inepties de cet acabit ne soient claironnées en chœur par toute la presse. Certaines situations sont particulièrement récurrentes sans qu'on ne progresse d'un pouce dans la compréhension des règles. Le sempiternel « il prend le ballon » compte toujours de nombreux adeptes. Or, même si l'on touche le ballon, on n'est pas autorisé pour autant à casser son adversaire en deux. Mais cette curieuse idée selon laquelle il suffit de viser le cuir pour se permettre toutes les exactions est encore solidement ancrée. Tout comme le tacle par derrière qui serait fatalement synonyme d'expulsion. Sauf qu'aucune règle ne le dit. Seule la dangerosité du geste entre en compte. Qu'il vienne de derrière, de côté ou d'en dessous n'est pas un critère. Plus près de nous, un nouveau malentendu a vu le jour avec l'abolition de ce que l'on nommait la double peine, à savoir l'expulsion automatique d'un défenseur en cas d'annihilation d'une occasion nette de but même si la faute est déjà sanctionnée d'un penalty. Depuis cette réforme bienvenue, on entend des commentateurs s'égosiller en voyant parfois un carton rouge brandi alors que le point de penalty est désigné. « On croyait qu'il n'y avait plus de double peine, se lamentent-ils, faudrait savoir ! » Il faudrait savoir effectivement. Savoir notamment que le contrevenant reste passible d'une expulsion si jamais sa faute est délibérée. En clair, si je cherche à tacler un attaquant qui file au but mais que je suis trop court et que je le déséquilibre : penalty et carton jaune. Si je retiens volontairement le même attaquant sans espoir de lui prendre le ballon : penalty et carton rouge. Rien de bien sorcier en somme, mais il faut prendre la peine de se renseigner. Si l'on ne nous fait aucun cadeau pour nos erreurs avérées, qu'on évite au moins de nous en inventer.

L'ignorance et la démagogie n'expliquent cependant pas tout. Le milieu du foot ne va pas sans son lot d'intrigues. Des manœuvres souterraines s'accomplissent en permanence et l'arbitrage est un enjeu central. Bien sûr, il y a notre incidence sur le résultat des rencontres, mais pas seulement. L'arbitrage, c'est aussi toute une structure qui recèle de jolies places très convoitées. La politique n'a pas le monopole des campagnes malveillantes. Dans le foot aussi, les médias ont un rôle clef et le pouvoir de faire ou de défaire une réputation. Quand ces luttes concernent la direction technique de l'arbitrage, nous sommes inévitablement les dindons de cette mauvaise farce.

Sous le règne de Marc Batta, un chroniqueur du nom de Raphaël Raymond publie chaque semaine dans *L'Équipe* un papier acide à notre sujet. Il se désole de colonne en colonne de notre incompétence et fustige les autorités rendant possible un tel désastre. Bon, c'est toujours contrariant mais malheureusement banal. On connaît la rengaine. Mais il y met tout de même du cœur, le bougre. Un côté monomaniaque qui peut mettre la puce à l'oreille. Même Ménès, il lui arrive de parler d'autre chose. Lui, on sent que c'est le combat de sa vie de saloper notre réputation déjà pas fameuse. C'est louche.

On entrevoit la cause de son zèle par le biais d'indiscrétions qui reviennent à nos oreilles échauffées. On se laisse dire que le journaliste serait dans les meilleurs termes avec Éric Borghini, le président de la Commission fédérale des arbitres. Copains comme cochons apparemment, les deux. On commence à y voir plus clair. Tirant un peu ce fil, on obtient quelques indices supplémentaires. Il y a de la rivalité méditerranéenne dans l'air. Le Niçois Borghini comploterait contre le Marseillais Batta pour l'éjecter de la DTA au profit de l'ancien sifflet Claude Colombo, originaire de la Riviera également. Le tout avec le pote Raphaël Raymond dans le rôle du porte-flingue médiatique ? On se croirait dans Borsalino et il convient d'employer le conditionnel. Reste que Batta a bel et bien fini par décarrer et que le ton employé par Raymond s'est subitement fait plus tendre à notre endroit. Ils n'auraient cependant pas réussi à placer leur homme car Le Graët tenait à Garibian. Mais Colombo est tout de même rapidement devenu l'un des lieutenants de ce dernier. Allez savoir ce qui s'est véritablement tramé dans les coulisses... Il importe de bien notifier qu'il ne s'agit là que de bruits de couloir. Disons simplement que la concordance des éléments est troublante. Plus tard, il se dira que le fiel de Pierre Ménès serait lié à son inimitié pour Pascal Garibian. D'un autre côté, on le révulsait tout autant sous la présidence de Batta, alors gardons-nous de toute conclusion hâtive.

On ne se soucie pas tellement de ces guéguerres, à vrai dire. Ce qui nous importe, ce sont les conséquences parfois tragiques de ces hallalis. Arbitre ou pas, désigner un homme à la vindicte populaire a toujours quelque chose d'assez lâche et répugnant. C'est le jeu, me dira-t-on ! Il ne faut pas opter pour une fonction publique si l'on ne peut pas en assumer les répercussions. Sauf qu'un arbitre n'a pas vocation à être une star. C'est un passionné au service du jeu. Il peut certes avoir quelques ambitions, mais rarement celle d'être au sommet de l'affiche. On ne parle pas là d'un acteur ou d'un guitariste de rock qui expose sa vie privée et doit, effectivement, faire avec le revers de la médaille. Nous, on ne nous connaît pas ou peu et c'est très bien ainsi. Quand on a droit à la lumière, c'est généralement celle de la foudre et du tonnerre qui va avec.

Et ces orages peuvent être dévastateurs. Notre camarade Christian Guillard ne s'est jamais relevé de celui qui lui est tombé sur la tronche suite à un Caen-Châteauroux de sinistre mémoire. Un match certes important pour la lutte pour le maintien en Ligue 2 mais qui n'est pas voué à faire les gros titres. Une rencontre anodine jusqu'à l'égalisation en fin de match du Berrichon Christopher Maboulou. Se prenant pour un volleyeur, celui-ci propulse le ballon de la main au fond des filets sans que notre confrère s'en aperçoive. Il accorde d'abord le but avant de se rétracter suite aux protestations normandes. Début de vingt minutes d'une cohue indescriptible durant laquelle les deux camps tentent de le faire vaciller. Pour son plus grand malheur, il finit par céder aux arguments castelroussins et signe son arrêt de mort médiatique.

Durant des jours, on ne parle que de ça. Christian Guillard devient à la fois le symbole et la honte de l'arbitrage français. L'image de la main, il est vrai grossière, tourne en boucle et il devient la risée du foot hexagonal. Un arbitre et un match qui n'étaient pas faits pour la postérité sont déclarés emblématiques de tous nos maux. Un poids trop lourd à porter pour les épaules de notre infortuné camarade.

Peu de voix s'élèvent en revanche pour faire le procès du tricheur. Après tout, il était le mieux placé pour mettre un terme au foutoir en reconnaissant sa faute. Peut-être le lui aurait-on reproché au sein de son club, il est vrai. Les enjeux sont tels, même en Ligue 2, que l'éthique s'incline presque toujours devant les impératifs économiques. Un sou est un sou et un point est un point. On ne badine pas avec ces choses-là.

L'indulgence serait donc de mise envers ce filou. Ce n'est pas vraiment notre sentiment alors que l'on regarde et analyse les images à Clairefontaine. Dans l'adversité, les querelles de personnes s'estompent. Voir le copain en proie au plus noir désespoir depuis les faits a soudé les troupes et les dents grincent dans l'assemblée en voyant à l'écran cette fripouille jurer ses grands dieux qu'il n'a rien fait de répréhensible. Avouons-le, il y a à cet instant précis un consensus général quant à la nécessité de lui faire payer sa fourberie. Celui-là, il serait bien inspiré de ne pas trop faire le mariole dans les mois qui vont suivre… S'il se fait chatouiller les chevilles par un stoppeur un peu fruste, il ne faudra pas trop qu'il mise sur notre protection. Réaction épidermique sous le coup de la colère et de l'émotion qui ne sera pas suivie d'effet. La conscience professionnelle finit toujours par l'emporter sur le désir de vengeance. En revanche, il sera copieusement sifflé sur tous les stades suite à l'incident. Ce qui démontre que les supporters détestent au moins autant les malhonnêtes que les arbitres maladroits. Du reste, il aura l'excellente idée d'aller se faire empapaouter chez les Grecs deux ans plus tard en signant au PAS Giannina. Un club anonyme pour un joueur qui aurait mérité de le rester. Dire qu'on le regrettera serait excessif.

Les conséquences du scandale seront autrement sérieuses pour Christian Guillard. Au fond du gouffre, il ne se relèvera jamais de son passage sous les feux de la rampe. Charriant son amertume et son déshonneur comme une âme en peine, il finira par jeter l'éponge un an plus tard à seulement quarante ans. Définitivement esquinté par ces semaines d'opprobre. La passion et le plaisir se sont effondrés sous les coups de boutoir éditoriaux.

Pour être tout à fait juste, il convient de rendre hommage à Pierre Ménès dans cette sombre affaire. Naturellement appelé à commenter l'événement, il n'a pas chargé outre-mesure notre homologue et s'en est davantage pris au joueur coupable. Comme quoi il ne faut désespérer de rien.

Le goût du lynchage ne se limite pas à la France et peut connaître des épilogues encore plus funestes que la retraite anticipée de Christian Guillard. En 2011, l'Allemand Babak Rafati tente ainsi de mettre fin à ses jours. Ayant hérité du surnom peu enviable de « pire arbitre de Bundesliga » dans la presse d'outre-Rhin, il avait sombré dans une profonde dépression. Se retrouvant à l'hôpital suite à l'échec de son coup de sifflet final, il est bien décidé à remettre le couvert et à s'exclure pour de bon de ce monde ingrat. C'est une gentille lettre de la star de la Mannschaft Bastian Schweinsteiger qui le dissuadera de persévérer dans cette voie fatale. Émouvante illustration des liens qui unissent les hommes de terrain indépendamment de leur fonction.

On ne peut cependant pas dire que nos rapports soient mauvais avec les journalistes, dans la mesure où ils sont surtout inexistants. On croise principalement les commentateurs et les consultants avant les matchs quand on va repérer le terrain mais ça va rarement plus loin que les salutations d'usage. Comme je l'ai déjà indiqué, c'est peut-être parce qu'ils sont amenés à nous rencontrer qu'ils sont souvent plus cléments envers nous que leurs collègues restés à l'abri de leurs studios parisiens. J'ai toujours entretenu des relations courtoises avec Grégoire Margotton, Éric Roy, Franck Sauzée ou encore David Berger. Le fait de se connaître, même de manière très superficielle, et de pouvoir discuter un peu favorise sans doute la compréhension mutuelle. Il n'y a que le trouble-fête de service Laurent Paganelli dont la vue nous chatouille les nerfs par avance. Si bien que je me contente pour ma part de manifester mon irritation par une poignée de main peu chaleureuse.

Ce manque de communication nous porte un fort préjudice à la fois dans la vision qu'ont de nous les journalistes et dans la perception du public qui en découle. Dès que l'on échange et que l'on fait l'effort de se comprendre, tout devient plus simple. C'est valable pour l'arbitrage comme en toutes choses. Passant outre les recommandations de notre direction, Saïd Ennjimi a tenté d'instaurer un début de dialogue avec notre détracteur numéro un. Avec la complicité de Canal +, il s'est prêté à un genre de sketch en 2014, une scène qui se voulait amusante et dans laquelle il venait réveiller Pierre Ménès dans sa chambre d'hôtel. La séquence a été tournée suite à plusieurs critiques virulentes de ce dernier sur les prestations de Saïd. Après ce moment de rigolade, ils ont pris un café ensemble et ont eu l'occasion de débattre. Une ébauche de complicité est née et Pierrot s'est montré plus charitable envers Saïd par la suite. Sans que cette miséricorde ne s'applique à l'ensemble de la profession.

C'est peut-être la raison pour laquelle la démarche n'a pas franchement emballé notre petit monde. Sans aller jusqu'à vouloir le tondre, beaucoup ont estimé que Saïd avait en quelque sorte couché avec l'ennemi. Le voir se marrer avec le type qui nous vomit dessus tous les week-ends était resté sur l'estomac d'un certain nombre de collègues. On lui reprochait de se mettre en vedette à son unique profit. Soupçon exacerbé par le fait qu'il en soit effectivement le seul bénéficiaire tandis que les autres auront toujours droit aux réquisitoires implacables du procureur du CFC. Hervé Mathoux s'amusera d'ailleurs plusieurs fois de ce traitement de faveur. La dent soudain moins dure du chroniqueur envers son nouveau pote... Du coup, ça a suscité de nouvelles jalousies au sein de notre petite communauté, et un certain ressentiment envers le renégat qui pactise avec l'adversaire pour s'attirer ses bonnes grâces.

Ces procès d'intention sont malheureusement courants dans notre milieu ultra-concurrentiel. Les ambitions individuelles prennent une telle place que l'on subodore une volonté inavouable et égoïste dans la moindre initiative. Bien que vaguement sceptique et ne sachant pas exactement ce que Saïd Ennjimi avait en tête, cette volonté de tendre la main à l'adversaire ne me semble pas dénuée de bon sens. Tout ce qui peut contribuer à assainir ce climat pourri se défend. Si l'on pouvait se retrouver de temps à autre pour évoquer les difficultés de notre tâche, on peut imaginer que les polémistes réfléchiraient à deux fois avant de nous lapider en place publique. Il est d'ailleurs dommage que l'invité de la grand-messe de Canal + ne soit pas de temps à autre un arbitre. Mais je ne suis pas certain que la faute en incombe à la chaîne. Au vu des louanges que lui adresse avec régularité notre ami Pierrot, il est peu probable que Pascal Garibian donne son accord à une telle confrontation. Toujours cette même muselière qui nous marginalise et entrave le discernement du public.

L'exemple doit venir d'en haut et le traitement qui nous est réservé dans les médias nationaux n'est pas sans lien avec ce que doivent endurer nos semblables dans les divisions inférieures. Cette défiance généralisée se répercute douloureusement sur ceux qui sont à l'œuvre loin de l'environnement ultra-protégé de l'élite. Nous, on se fait du mouron pour nos notes, notre classement et notre réputation. Des problèmes de riches en quelque sorte. Pendant ce temps, d'autres se demandent simplement s'ils vont sortir du stade indemnes. Le kop marseillais ou stéphanois qui vocifère n'est rien en comparaison des hystériques du dimanche qui, eux, peuvent entrer sur le terrain pour cogner si le cœur leur en dit. Un rapport de l'Observatoire national de la délinquance et des réponses pénales a recensé

10 977 matchs amateurs marqués par des violences verbales et physiques dont 41 % visaient l'arbitre pour la seule saison 2015-2016. Il ne se passe pas un week-end sans qu'un arbitre se fasse tabasser par des joueurs ou même les pères de gamins de douze ans. Bien sûr, ce déchaînement de brutalité dépasse de loin le cadre du foot. Il ne s'agit certainement pas d'attribuer la responsabilité de ces naufrages sociétaux et éducatifs aux piques de Pierre Ménès. Ce n'est pas de sa faute si certaines zones sinistrées du territoire regorgent de tarés prêts à en découdre sous n'importe quel prétexte.

Mais ces faits spectaculaires s'inscrivent dans une atmosphère générale de mépris pour la fonction. Cette atmosphère délétère, la presse n'y est pas étrangère. Au même titre que nos instances qui nous interdisent de faire entendre notre voix. Ce n'est pas être paranoïaque que de constater qu'on est globalement assez mal vus... La nullité indépassable de l'arbitre français est devenue une donnée communément admise. Et ça, c'est bel et bien le fruit du matraquage à longueur d'antenne. Même les gosses ont parfaitement intégré cette notion et contestent les décisions avec véhémence du haut de leurs trois pommes. Comme des grands.

Sensibiliser nos adorables bambins à notre cause est un enjeu majeur. La meilleure solution est de traiter le mal à la racine en faisant œuvre de pédagogie. Question à laquelle je deviens sensible le jour où je récupère mon fils de cinq ans à la sortie de l'école les yeux rougis et tremblant de fureur. Après un examen plus attentif, je constate aussi les marques de griffures sur sa joue. Je l'interroge et apprends qu'il a voulu laver mon honneur bafoué par l'un de ses petits camarades. J'avais rendu une vilaine copie le samedi précédent avec deux expulsions sévères qui avaient eu un certain retentissement. Et le père de ce saligaud étant supporter du club concerné, il avait briefé son rejeton. D'où les moqueries dans la cour de récréation et le coup de sang vengeur de mon garçon qui n'a pas apprécié que l'on qualifie son papa de vendu.

Malgré la fierté légitime d'être si bien défendu par la chair de ma chair, il me faut réagir afin de prévenir une éventuelle récidive. Je contacte l'école qui me propose d'animer un atelier thématique. L'idée est d'initier cette marmaille aux rouages de notre dur métier pour les dissuader de titiller le fiston sanguin. Beaucoup de confrères se livrent à des activités pédagogiques de ce genre mais ça ne m'avait jamais tenté. J'y voyais une corvée assez épouvantable face à un auditoire que je soupçonnais braillard et rétif à ma science.

C'est donc avec un enthousiasme mesuré que je pénètre dans la salle de classe à la suite de la charmante institutrice. Celle-ci explique aux marmots l'objet de ma venue et me cède le pupitre. À mon grand étonnement, la concentration de mes élèves du jour est totale. Dès que je prends la parole, ils sont pendus à mes lèvres. Même le fils du supporter outragé tente de dissimuler son embarras et ne perd pas un mot de mon introduction. Quant au mien, il est fier comme un paon de voir ainsi ses copains fascinés par son papa. Le papa qui passe à la télé et qui fréquente les stars. Même s'il lui arrive de se tromper...

Quand j'achève mon petit préambule et leur suggère de me poser des questions, j'ai l'impression d'être cerné par une vingtaine de beaux-frères miniatures. « Comment il est Zlatan ? », « C'est qui le plus gentil ? », « Et le plus fort ? » L'avantage, c'est que mes réponses sont parfaitement rodées par des années d'exercice. Et puis il est plus plaisant de voir l'émerveillement dans leurs yeux que l'envie dans ceux du beau-frère...

Après avoir satisfait leur curiosité, j'organise un petit match à l'extérieur. Je prends d'abord le sifflet et leur transmets à tour de rôle. Rôle qu'ils prennent très au sérieux. Ça file droit sous le préau ! Pas de protestation qui vaille. Ils ont la biscotte facile, les mômes... Si je faisais preuve de la même intransigeance, on ne finirait pas une rencontre. Il y aurait cinq joueurs dehors avant même la mi-temps. C'est l'aspect autoritaire du poste qui les enchante le plus. Ce pouvoir temporaire qui leur est donné les uns sur les autres les met en joie. Peut-être une piste à envisager pour régler nos problèmes...

Confier l'arbitrage aux enfants et à leur cruauté joyeuse. Le plaisir qu'ils prennent à s'exclure à tour de bras... Il y a des vocations dans l'air. Je ne suis pas sûr de leur rendre vraiment service en les dirigeant sur cette voie savonneuse mais la relève semble assurée. Je vais pouvoir partir l'esprit tranquille.

CHAPITRE 10
DANS LES CARTONS

On se sent un peu bête avec les copains dans le vestiaire. Pas d'autre solution que de se taper vigoureusement dans la pogne pour se ragaillardir avant d'entrer en scène pour notre dernière danse. Comme on fait entre hommes pour chasser le pathos et se donner des airs virils. Dans mon ultime briefing, j'ai beaucoup insisté là-dessus. Pas question de trébucher sur la dernière marche. Fiers, dignes et professionnels jusqu'au bout. On a eu des hauts et des bas mais on n'a pas à rougir de notre bilan. Alors il ne s'agit pas de finir sur une fausse note. La mélancolie et tout le tintouin, on les garde pour après.

C'est ma grande hantise, la foirade finale. Raison pour laquelle j'ai opté pour un match où l'enjeu n'est pas trop suffocant. C'est une vieille tradition que de nous offrir le choix de la rencontre qui va conclure notre valeureux parcours. Dans la limite du raisonnable évidemment... Un arbitre de seconde zone ne va pas se voir offrir les clefs d'un OM-PSG sous prétexte que c'est l'heure de la quille. De toute façon, je ne tiens pas à être surexposé pour l'occasion. Ne voulant pas boucler la boucle sur un scandale, j'ai préféré une confrontation assez neutre. Beaucoup comptent pour du beurre lors de la dernière journée alors j'avais l'embarras du choix. Cela dit, je voulais aussi un stade pas trop éloigné de mes contrées afin qu'un maximum de mes proches puissent venir. Après avoir additionné tous ces critères, j'ai validé cette opposition du ventre mou. Deux bons clubs français ayant perdu de leur splendeur mais conservant un certain prestige. Je ne voulais pas une affiche trop tarte non plus. J'ai tout de même été au Camp Nou alors je ne me voyais pas finir à Évian ou Ajaccio, sans vouloir froisser personne... Les adversaires du soir sont quasiment en vacances. Mathématiquement, les visiteurs peuvent encore être relégués mais il faudrait un abracadabrant concours de circonstances pour qu'ils se retrouvent dans la charrette. Disons que cette hypothèse improbable met un peu de sel dans cette ultime soupe. On ne pourra pas m'accuser de m'être entièrement planqué pour quitter la piste.

Quand on est bien certain de ne pas faire les chochottes, on quitte notre refuge le regard droit et le pas altier. Pas du genre à sortir les mouchoirs sur le quai de la gare, qu'on se le dise. De vrais rocs imperméables à toute émotion. Si on a les mâchoires un peu crispées, c'est seulement pour asseoir notre autorité naturelle. Dans le couloir, on tombe sur Florian Genton, le très sympathique homme de terrain de BeIN Sports. À l'instar de ses collègues un peu plus tôt, il nous congratule chaleureusement. On voit tous ces gens régulièrement depuis des années et, sans que l'on soit proche, il se crée une sorte de lien tacite entre participants au même spectacle.

Tout comme avec les joueurs, évidemment. Ceux-ci sont naturellement informés du caractère spécial que revêt ce match pour nous. On a beau s'engueuler plus que de raison, il existe toujours cette fraternité inavouée de ceux qui vont au front par opposition à la faune de l'arrière. Tel le vaillant poilu de 14 plus proche de son homologue à pointe dans la tranchée d'en face que du compatriote bourgeois planqué à Paris... J'en rajoute un peu mais il y a de ça. Dans cette circonstance précise, ils sont d'autant plus sensibles à notre cas que leurs carrières sont encore plus courtes que les nôtres. Certains ce soir-là approchent également la date de péremption et pressentent ce que représentera pour eux cette échéance. Les deux capitaines auxquels je serre la main sont notamment de vieux briscards en fin de course que je côtoie depuis des lustres. Si bien que la poignée est un peu plus franche et affectueuse que de coutume. Leur tour viendra bientôt et l'angoisse de la petite mort fait aussi partie des choses qui nous relient.

En revanche, ces pensées n'ont pas leur place sur le terrain. Je jette un ultime regard vers les tribunes où sont réunis mes proches avant le coup d'envoi et fais abstraction de leur présence. Dès l'engagement donné, j'oublie que les quatre-vingt-dix minutes qui vont suivre ne se prolongeront pas au-delà des arrêts de jeu. Ce match doit être un match comme les autres. Si possible un poil plus réussi que la moyenne. Pour ce faire, il est urgent de chasser de mon esprit la moindre bribe de sentimentalisme. Agir comme si j'allais remettre le bleu de chauffe le week-end suivant et qu'il me fallait encore convaincre l'observateur de ma valeur.

Il vaut d'ailleurs mieux que je reste concentré car la partie n'est pas aussi décontractée que ne l'est généralement le dernier galop avant les congés. Les visiteurs semblent prendre très au sérieux la vague menace qui plane encore sur eux et ne sont pas venus faire du tourisme. Une victoire leur assure le maintien sans se soucier des autres résultats et ils n'ont pas l'intention d'assurer le minimum syndical. Leur volonté de ne rien laisser au hasard est très honorable mais les incite à jouer des coudes. Dans le fond, ce n'est pas pour me déplaire. Conclure par une promenade de santé aurait manqué de panache. Tous ces duels rugueux me donnent l'occasion d'exercer mon talent bientôt caduque. Je me surprends à savourer intérieurement ces moments de tension qui appartiendront à mon passé dans moins de deux heures. Ces moments où il faut trouver le juste équilibre entre la fermeté et la fluidité du jeu. Avoir le mot qui détend le joueur énervé avant qu'il ne fasse de bêtise. Savoir au contraire hausser le ton envers l'excité teigneux pour qu'il ne contamine pas le reste de la meute. Toute cette gamme subtile de phrases et d'attitudes qui permet de tenir ses troupes. Ce délicat numéro d'équilibriste qui constitue l'essentiel de ma vie depuis vingt-cinq ans et dont je m'aperçois qu'il me plaisait bien.

Mais l'heure n'est pas encore à la nostalgie ! Tout à mon match, je n'ai pas conscience des minutes qui s'égrènent et m'éloignent de ma passion. Sur la pelouse, la détermination des sursitaires domine logiquement la passivité des locaux qui ne rêvent déjà que de piscines et de palmiers. C'est presque toujours le cas dans ces oppositions de fin de saison où la motivation fait la différence. Entre une équipe en tongs et l'autre en tenue de combat, il n'y a le plus souvent pas de match et le manque d'investissement est puni de deux buts avant la pause. Dès le début de la deuxième mi-temps, j'accorde aux guérilleros un penalty indiscuté qui sera mon dernier et scelle définitivement le sort de cette rencontre déséquilibrée. À part moi, tout ce beau monde se retrouvera en Ligue 1 en août prochain.

Si bien que la fin du match se déroule dans une certaine torpeur. Le résultat acquis, les joueurs épuisés par de longs mois de compétition et impatients de savourer les joies de l'existence ne manifestent plus la moindre velléité. L'essentiel est assuré et ils ont simplement hâte que ça se termine. Qu'ils puissent aller faire la bringue et s'envoler vers des cieux ensoleillés. Je suis le seul à m'y trouver bien, sur ce gazon, en cette douce soirée de mai. J'aurais presque envie de les réveiller quelque peu, ces feignants. « Un petit effort pour ma dernière les mecs ! Un dernier tampon ! Une petite engueulade ! Pour me faire plaisir ! » Mais non. Ils somnolent sur le pré, déjà loin de tout ça. Je suis le seul à y croire encore et cours au milieu des fantômes. Un vampire à l'affût d'ultimes gouttes d'adrénaline avant qu'on ne ferme boutique. Mais la foule est exsangue et je galope en vain. Je laisse quatre minutes très superflues d'arrêts de jeu avant de me faire une raison. Et j'envoie dans la nuit trois coups de sifflet stridents qui résonnent comme un coup de grâce.

C'est l'heure à laquelle les pensées se bousculent. Je jette un regard vers mes parents tout là-haut dans les travées. Difficile de les discerner avec les projecteurs qui m'éblouissent désormais dans la pénombre. Ce n'est sans doute pas plus mal car je devine leur émoi et préfère qu'il ne rejaillisse pas sur moi alors que je suis encore dans l'arène. Je suis distrait dans ma quête par les joueurs qui se relaient pour venir me saluer. Presque tous ont un mot amical. « Vous allez nous manquer », m'affirment certains. « Vous étiez un de ceux que je préférais », me soutient un autre. Ce qui n'était pas flagrant dans mes souvenirs puisqu'il me semble bien l'avoir envoyé à la douche avant tout le monde une ou deux fois... Mais qui aime bien châtie bien.

Après tout, les anciens élèves conservent souvent le meilleur souvenir de leurs professeurs les plus sévères. Peut-être que ce brigand a conscience que je le réprimandais dans son propre intérêt. Pour lui permettre de dompter ses nerfs fragiles et de se diriger vers la sagesse.

Fragiles, mes nerfs le sont également dans ces moments confus. L'accolade inattendue d'un vieux routard que je connais depuis les joutes de National manque de me faire flancher. Je me domine et emprunte avec détermination la voie des tribunes. C'est alors que le speaker me désigne et réclame au public des applaudissements en hommage à ma carrière. Dire que la foule se lève comme un seul homme serait exagéré mais ils sont tout de même plusieurs milliers à battre des mains debout. Ce témoignage de respect masque en tout cas presque entièrement les quelques sifflets à peine audibles. De la part de supporters qui viennent d'en prendre trois dans la musette, ça fait tout de même chaud au cœur. C'est là que je me félicite d'avoir jeté mon dévolu sur un stade familial dont les favoris ne jouaient plus rien. Au Vélodrome après une défaite cruciale de Marseille, l'enthousiasme aurait sans doute été moindre... Il n'empêche que, même dans ces conditions favorables, cette ovation inédite me remue les tripes. C'est l'une des nombreuses très aimables intentions du club receveur à mon endroit pour l'occasion. Au même titre que la loge réservée pour mon cercle le plus intime et le maillot floqué à mon nom. Apparemment, je leur ai fait une belle impression à eux aussi durant toutes ces années. Ou alors, ils sont tellement soulagés de ne plus jamais me revoir que rien n'est trop beau pour célébrer l'événement. Dans les deux cas, je leur en suis bien reconnaissant.

C'est après ces bravos que vient le vrai coup de grisou. Lorsque, après avoir fermé la lourde, on se retrouve avec mes fidèles entre les murs de notre enclos. On était déjà un peu penauds avant le match, mais là, on se sent carrément comme trois couillons. Pas un dans le lot pour trouver quelque chose de pertinent à dire dans ce silence de catacombe. Les gorges sont nouées et on sent bien que la première parole va ouvrir grande la porte aux sanglots fraternels. On s'efforce de nier l'évidence des larmes sur le point de couler dès lors que l'un de nous aura le cran d'entrouvrir son cœur. Trois vieux compagnons d'armes qui serrent les dents à l'heure des au revoir. Il nous revient d'un coup trop de choses en mémoire... Presque dix ans quasiment en ménage. De rigolades en idées noires... De jours de gloire en soirs de honte... De filles en cuites et de joies en peines. Quand notre comparse habituellement mutique a le malheur d'évoquer sa fierté d'avoir été des nôtres d'une voix étranglée, la digue cède et la pudeur s'estompe. Ne restent que trois copains qui pleurent au bout du chemin.

On se reprend pour la réception organisée par nos hôtes dans un salon privé du stade. Après cet apéritif, on se rend avec les membres de mon clan dans le centre-ville où j'ai réservé une bonne table. Chacun fait de son mieux pour donner au dîner une apparence de gaieté mais le cœur n'y est pas vraiment. On trinque et on rit tout en étant conscient qu'il n'y a pas matière à se réjouir. Certes, je peux me flatter d'un parcours plutôt enviable et valorisant. Mais le constat qui s'impose, c'est surtout qu'il est terminé et que la vie s'annonce nettement moins excitante. Dans le brouhaha de l'auberge, je cherche invariablement du regard mes assistants. Les seuls à pouvoir vraiment me comprendre en ce pesant moment même si, pour eux, l'aventure va continuer.

De fait, ils vont être pour longtemps mes seules relations durables dans le milieu du foot. Ce n'est pas que j'en sois plus écœuré qu'un autre, mais je ne vois pas de possibilité de reconversion bien séduisante. Beaucoup d'entre nous deviennent observateurs, par exemple. J'avoue mal comprendre l'attrait de cette fonction. D'accord, ça permet de rester dans le circuit et de voir les matchs. Mais il faut savoir que ce n'est même pas rémunéré. La DTA rembourse seulement les frais de déplacement et la plupart exercent près de chez eux alors merci bien... Aller donner des notes aux copains pour des prunes, très peu pour moi. Si c'est pour se retrouver encore dans des conflits avec les uns et les autres, je passe mon tour. J'ai suffisamment subi ces querelles mesquines pendant dix ans pour ne pas remettre le couvert bénévolement.

Quant aux bonnes places dans les instances, il faut faire de l'intrigue ou avoir un nom qui porte plus que le mien pour y avoir accès. Pour le nom, c'est trop tard, et je n'ai pas le goût des manœuvres politiques, alors ce sera sans moi également.

Si bien que je coupe les ponts avec la grande famille de l'arbitrage français. Notre ultime confrontation se tient lors du séminaire de reprise qui suit mon départ en retraite. La fédé n'organise rien de particulier dans ces circonstances. Du large, et bon vent le rebut ! En revanche, la DTA a la délicatesse de nous inviter à ce fameux séminaire afin que l'on revoie les collègues une dernière fois. Une petite cérémonie est organisée au cours de laquelle sont présents Pascal Garibian et Éric Borghini. On s'y voit remettre un beau et grand fanion aux armes de la FFF en témoignage de sa gratitude pour notre dévouement. Quand je reçois le mien, les potes applaudissent et manifestent leur émotion. Dans le lot, il y a quelques faux-culs qui sont surtout ravis qu'une place de Fédéral 1 se libère. Je ne leur jette pas la pierre, j'ai ressenti le même bonheur par le passé quand un vétéran débarrassait le plancher et me libérait de l'espace. C'est le grand cycle immuable de l'ambition. Chacun son tour et bonne chance les gars !

Ce serait toutefois mentir que de prétendre que je transmets le flambeau avec le sourire. Dans les semaines qui suivent, je suis d'humeur plutôt saumâtre. Un genre de junkie en période de sevrage.

Je réalise que cette adrénaline que je m'injectais chaque semaine était une drogue dure. Privé de ma dose, je végète sans conviction. Suivre sur le petit écran la compétition internationale qui se tient cet été-là est au-dessus de mes forces. Je tente de regarder quelques matchs du premier tour avec mon garçon mais ça me met le moral à zéro. Les voir tous s'ébrouer joyeusement sur ces vertes pelouses tout en me disant que tout ça est définitivement derrière moi... Je suis comme un eunuque devant un porno. Quel intérêt, sinon entretenir une vaine frustration ? Puisque je n'y ai plus droit, je ne veux même pas savoir que ça existe encore. Amusez-vous bien les mecs, mais c'est sans moi.

Dans ce noir désœuvrement, il me faut malgré tout trouver quelques ressources pour assumer mon retour à une vie normale. Je ne peux pas passer le restant de mes jours dans mon canapé devant des documentaires animaliers. Financièrement, ce serait pourtant jouable. J'ai suffisamment investi pour que mes placements me permettent de subsister tout en m'instruisant sur le mode de vie des hérons. Et puis je suis parti avec une jolie prime. En guise de pot d'adieu, on encaisse tout de même la bagatelle de plus de 10 000 euros par année passée en Ligue 1. Sachant que je suis resté sur le pont une dizaine d'années, la somme est coquette. Mais il est bien évident que l'oisiveté ne me vaudrait rien de bon. Mère de tous les vices, comme chacun sait. Avoir une raison de se lever chaque matin reste le moyen le plus sûr d'éviter de sombrer.

Seulement, quand je m'extirpe de mon plumard, c'est pour me rendre à La Poste. J'avais presque fini par en oublier le chemin avec mon existence trépidante rythmée par les coups de sifflet. Entre l'aménagement des horaires prévu pour les sportifs de haut niveau, les congés réglementaires et ceux sans solde que je posais régulièrement, j'avais tout du spectre que l'on voit furtivement apparaître toutes les deux ou trois lunes. J'étais pour les autres salariés l'une de ces créatures fantasmagoriques dont on n'est pas totalement convaincu de l'existence. L'elfe insaisissable de ces bureaux. Une présence très sporadique qui ne me rendait pas franchement populaire auprès des collègues.

Si bien que ça leur fait un choc de me voir pointer tous les jours comme un simple mortel. Passée la commotion, vient le temps de la revanche aigre-douce. Ils connaissent parfaitement la cause de mon retour dans les clous. C'en est fini de mon petit passe-temps si rémunérateur qui me permettait de jouer les filles de l'air tandis qu'ils s'échinaient dans le banal. Ah, je fais moins le malin maintenant que la récré est finie ! C'était leur hantise, cet employé quasiment fictif. Maintenant que je suis à leur merci, je vais comprendre le triste quotidien qui était le leur pendant que je faisais le zouave avec mes cartons. Absent, on m'a jugé par contumace et c'est le moment de payer. Oh, ils ne sont pas en mesure de me faire grand-mal... Ma pénitence consiste surtout en des allusions perfides à la perte de mon gagne-pain chéri et en une tendance à me refiler tous les dossiers les plus rébarbatifs. On m'inflige le taux de chienlit maximum pour compenser tout ce à quoi j'ai échappé pendant tout ce temps. Et bien sûr, on parle systématiquement de foot devant moi vu qu'on a pris note de ma nostalgie tenace... Des petites brimades dont je ne fais pas grand cas. Ça leur passera...

Pour me divertir de ces semaines de travail en terrain hostile, j'ai maintenant le privilège de passer mes week-ends en famille. Ça ne m'arrivait quasiment jamais auparavant. J'en ratais des choses ! En particulier les déjeuners dominicaux avec toute la tribu. Un bonheur que je ne savourais jusqu'à présent que deux ou trois fois par an. Je n'irai pas jusqu'à dire que ça me suffisait mais disons que le manque était tolérable... Tout comme à La Poste, je me sens vaguement étranger en réintégrant l'équipe à plein temps. Mes neveux et nièces ont poussé sans que je m'en aperçoive. Certains sont au lycée alors que je les revois dans leur poussette lors de notre dernière rencontre. Le temps a filé tandis que je faisais régner l'ordre sur les pelouses de France et de Navarre. Ces enfants qui ont grandi et leurs parents qui ont vieilli, c'est comme une vie parallèle dont je n'ai rien vu.

Comme j'ai désormais du temps libre, je prends l'habitude d'aller faire les courses. Le genre de plaisir simple auquel je n'avais pas de temps à consacrer auparavant. L'inconvénient, c'est que je croise parfois des gens qui s'enquièrent de ma carrière révolue et que ça me déprime toujours de leur répondre. Je me dis que ça va leur passer mais les symptômes persisteront longtemps. De longs mois après que j'ai raccroché les crampons, certains m'alpaguent encore en s'étonnant de ma disparition des radars. « On vous voit plus à la télé dites-moi ? » À tel point que je me fais l'effet d'un animateur au chômage. Je comprends ce que doivent ressentir Dechavanne et consorts dans leurs périodes creuses avec leurs trombines infiniment plus connues que la mienne. La curiosité cruelle de l'homme de la rue...

Le foot se rappelle aussi à moi à travers les coups de fil épisodiques de collègues toujours sur le pont. Pour le coup, ça aurait tendance à atténuer la nostalgie, ces échos lointains qui me parviennent. Ils ne sont toujours pas à la noce, les potes. Le statut professionnel pas plus que la vidéo ne semblent suffire à les sortir de l'ornière. Les mêmes gibiers de potence qu'en mon temps pas si éloigné. Comme mon vieux camarade Tony Chapron qui croupit dans sa geôle en attendant la retraite. Ah, il est beau, l'hommage que l'on rend à cette figure illustre de l'arbitrage français. Tandis que ceux qui nous insultent et nous menacent chaque week-end courent encore, naturellement... En découvrant l'affaire dans mon salon, je pense à ce que vont endurer ses gosses pendant des semaines. Le foutage de gueule quotidien sereinement alimenté de chronique en article. Lui, je crois qu'il aura le départ moins mélancolique que moi. On sera sans doute davantage dans l'aigreur. Allez savoir si son coup de folie ne relevait pas de l'acte manqué au nom de toute une corporation exaspérée ? Comme il est un peu psychologue, possible qu'il se pose la question lui-même...

D'autant que la tâche devient encore plus corsée avec l'arrivée du « joueur le plus cher du monde ». Du moins pour ceux qui dirigent le PSG. Pas du tout le même style que son aïeul Ronaldinho, l'ami Neymar. Lui, il aime le doux son du sifflet qui vient saluer sa chute. Il en réclame toujours plus. À se demander s'il n'est pas un peu masochiste sur les bords, à se donner tant de mal pour prendre des taquets. D'accord, quand il joue vraiment, il est magnifique. Mais je compatis sincèrement au casse-tête de mes semblables quand ils le voient tournicoter indéfiniment balle au pied comme une petite allumeuse. Le terrible dilemme pour les pauvres vieux. D'un côté, les instances, la presse et la puissante direction parisienne qui exhortent la profession à faire tout son possible pour préserver le chef-d'œuvre. De l'autre, les adversaires qui s'agacent à juste titre de ses arabesques inutiles et sont sanctionnés dès qu'ils ont l'audace de le secouer un peu. Car, ne vous faites aucune illusion, une charge qui ne serait pas sifflée sur un joueur ordinaire le sera sur Neymar. Il faut comprendre l'angoisse de l'homme en noir face à l'enjeu. La foudre qui s'abattrait sur lui si le génie sortait sur la civière sur un contact et qu'il avait laissé jouer. Il signerait quasiment son arrêt de mort professionnel. J'imagine d'ailleurs le soulagement de Benoît Bastien en constatant que le Brésilien s'était tordu la patte tout seul lors du PSG-OM fatidique... Et encore, ça n'a nullement empêché le directeur sportif parisien Antero Henrique d'écrire à Pascal Garibian pour se plaindre. S'il s'était blessé suite à un tacle, j'imagine qu'on serait allé aux assises. Neymar m'évoque ces gamins insupportables qui vont chercher des noises à tout le monde dans la cour de récré avant d'aller pleurnicher dans les jupons de la maîtresse quand ils finissent par prendre une torgnole bien méritée. Seulement, lui procède avec la bénédiction du directeur de l'école, de ses parents et même du maire. Il s'agit donc de sécher gentiment ses larmes et de lui faire un gros bisou. Je ne suis pas mécontent d'avoir décampé avant cette mascarade.

Quand je décide de couper les ponts avec ce sport naguère tant aimé et de penser à autre chose, c'est à la rubrique faits divers qu'il se rappelle à moi. Dans les pages de mon quotidien régional, on m'apprend régulièrement le matraquage de quelques collègues amateurs. L'un se fait démolir le portrait par des joueurs et des dirigeants à la sortie du terrain, l'autre se fait traiter de pédé pendant un match entier par le président du club receveur... Des faits qui deviennent parfaitement banals. Sur la saison 2017-2018, plus d'une centaine d'arbitres ont été agressés physiquement en France. Au moins deux chaque week-end, donc. Et la réaction des autorités se fait toujours attendre. C'est à se demander par quel prodige certains ont encore la vocation.

Pendant ce temps, sur les ondes et dans la petite lucarne, on persifle et perpétue l'image toujours plus dégradée de la fonction. On est presque dans l'incitation tacite à nous haïr. Tout en déplorant les faits quand ils se produisent. Tragique illustration de l'éternel pompier pyromane. La déprime allant en grandissant, je finis par couper définitivement le robinet de l'information. Façon de ne pas trop bouillir entre révolte et nostalgie.

De temps à autre, je m'inflige tout de même une douce violence quand la maison est déserte. Après m'être assuré que même le chat est dehors, je verrouille la serrure et gravis les escaliers. À l'étage, une autre clef m'ouvre la porte de mon bureau où personne ne met jamais les pieds. Mon refuge tout personnel. Bien conscient que je m'apprête à me faire du mal, je traîne hors d'un vaste placard un énorme carton de déménagement. Les pans rafistolés au scotch manquent de céder mais il tient bon. Je soupire un grand coup et entame l'inventaire. Sur le haut de la pile se trouvent les objets les plus fragiles, ceux qui ne survivraient pas en immersion. Un vase bulgare hideux en forme d'élan offert par un dirigeant du Levski Sofia... Un stade en porcelaine censé servir de plat à poisson rapporté de Roumanie... Une crèche donnée au central par le président du Sporting Portugal et qu'il m'avait refilée pour cause de laïcisme militant... Autant de chefs-d'œuvre de l'artisanat européen qui n'avaient aucunement pour vocation de nous graisser la patte. Ils ne graisseront jamais que les essieux de ma mémoire qu'une pulsion masochiste m'incite à solliciter. Sous cette première couche de trésors, d'autres vestiges, plus clinquants sans doute. Mon trophée UNFP de meilleur arbitre de Ligue 2, par exemple. Il était naguère exposé dans la salle à manger mais ma femme a fini par trouver cette déco un peu trop kitsch. Elle n'avait pas tort. Il est très bien ici, avec ses copains. Comme ces fanions d'affiches européennes, qui sont mes pièces favorites dans mon petit musée, avec la date du match et les écussons des équipes finement brodés. Et ces petites merveilles ne sont pas souillées de sponsors comme les maillots. Eux aussi, j'en ai engrangé un certain nombre. À commencer par les miens évidemment. Jaunes, noirs, violets, turquoise, bleu ciel... Il y a longtemps que l'homme en noir sévit en technicolor. À l'issue de notre parcours, on a porté autant de couleurs qu'un joueur nomade façon Jérôme Leroy ou Xavier Gravelaine.

Ou Bojan Krkic, l'espoir déchu dont je retrouve la tunique catalane qui jonche le fond de ma boîte à souvenirs. Comme un morceau d'existence rangé dans un tiroir. Une vie dans un carton.